吴韵汉风文丛

主编 刘志彪

江苏百项之最

方明 著

江蘇教育出版社

图书在版编目（CIP）数据

江苏百项之最/方明著.—南京：江苏教育出版社，2012.12
（吴韵汉风文丛）
ISBN 978-7-5499-2511-7

Ⅰ.①江… Ⅱ.①方… Ⅲ.①文化史—江苏省 Ⅳ.①K295.3

中国版本图书馆CIP数据核字（2012）第286540号

书　　名　江苏百项之最
作　　者　方　明
责任编辑　赵　明
装帧设计　李广珐
出版发行　凤凰出版传媒股份有限公司
　　　　　江苏教育出版社（南京市湖南路1号A楼　邮编 210009）
苏教网址　http://www.1088.com.cn
照　　排　南京紫藤制版印务中心
印　　刷　江苏凤凰新华印务有限公司（电话 025-68037410）
厂　　址　江苏南京市新港经济技术开发区尧新大道399号
开　　本　787毫米×1092毫米　1/16
印　　张　14
版　　次　2012年12月第1版　2012年12月第1次印刷
书　　号　ISBN 978-7-5499-2511-7
定　　价　23.00元
网店地址　http：//jsfhjy.taobao.com
邮购电话　025-85406265，85400774，短信 02585420909
E - mail　jsep@vip.163.com
盗版举报　025-83658579

《吴韵汉风》文丛

编审委员会名单

序

刘志彪

党的“十八大”报告提出了建设“文化强国”的战略理念，指出“文化是民族的血脉，是人民的精神家园”，并高度重视历史文化的价值和意义，强调要“建设优秀传统文化传承体系，弘扬中华优秀传统文化”。为了探讨和具体实践“传统文化传承体系”，江苏省社会科学院与江苏教育出版社尝试合作编纂了这套《吴韵汉风文丛》。

作为中华文明多元一体的重要组成部分，江苏的历史文化有其独特的贡献和重要的地位。素有“天堂”美誉，久负“文史之乡”美名的江苏，地跨大江南北，壤接内陆和海洋，是为东南富庶锦绣之地；在波澜壮阔的历史发展中，积淀了深厚而辉煌璀璨的古代文明，在经济、政治、社会、文化、教育、人才等领域，都取得了非凡的成就，留下了无数宝贵的文化财富。这既是我们的骄傲，也赋予了我们一份严肃而重大的责任，我们有义务整理、保护和传扬江苏悠久、深厚而丰富的历史文化底蕴和文明成果，以服务于文化强省建设，服务于“两个率先”的战略目标，并为社会主义文化大发展和大繁荣作出应有的贡献。

基于这一认识，本套丛书试图从多个角度鸟瞰江苏历史文化发展的历程与成就，并以图文并茂的形式，具体介绍了江苏有代表性的一百个人、物和事。首批六本分为《江苏百位名人》、《江苏百座建筑》、《江苏百座寺庙》、《江苏百处名胜》、《江苏百项之最》、《江苏百种非遗》。

我们一方面希望这套丛书能成为展示江苏人文魅力的一个窗口；能成为宣传和推介江苏的一部生动教材；能成为人们了解江苏、走近江苏的导游手册。另一方面我们也期望这套丛书能为人们保存一份珍贵的历史记忆，有益于人们更好地了解和认知省情，有助于展示江苏文化大省的形象，提升江苏在全国的地位、影响以及国际知名度，能激发人们爱国、爱乡的乡土情结和民族精神，能增强江苏人民的自豪感、自信心和凝聚力，并以更大的热情投身到建设家乡、发展家乡的热潮中去，人人争创一流业绩，不愧于先人，无负于时代，为我省早日实现现代化、率先建成小康社会而奋斗。

[illegible]

[illegible]

[illegible]

[illegible]

[illegible]

[illegible]

引言

从现存世界上最早的生铁，到当今世界最先进的3000米级深海铺管起重船；从中国现存最早的诗文总集，到世上最动人的二胡曲；从天下第一“状元省”，到最盛产诺贝尔奖华人得主的中国省份……这本小书再次告诉人们，江苏对中国文明乃至世界文明做出了巨大贡献。

这本小书汇集的是江苏这块大地产生的中国之最和世界之最或者江苏人“制造”的中国之最和世界之最。请原谅编者用了“制造”这个词汇。实际上，这些纪录绝大多数并非刻意“制造”的，而是江苏人在历史长河中，为了美好的生活，为了认知这个世界，“不经意间”留下的。

在编写的过程中，作者在阅读了大量资料和悉心比对的基础上，挖掘出许多平时不为人留意的“创举”。作者感触最深的是，江苏人在人文领域里超强的创造力。自古至今，不仅人杰地灵，人才辈出，而且华章似锦，绵延不绝，深刻地影响了中国历史文化的进程。中国最早的识字课本、中国现存最早的诗文总集、中国第一部体系严密的文学理论著作、中国四大古代名著的作者有三个都来自江苏等等，让人惊叹不已。

进入近现代，江苏以勇于追索的步伐依然走在中国的前列，制造了中国第一艘轮船，在南京宣告结束封建帝制，颁行了中国第一部宪法，举办了面向世界的中国第一次国际博览会。

当代中国，江苏的经济发展居全国前列，举足轻重。更重要的是；江苏人敢为天下先的精神继续发扬光大，华夏第一村，中国水晶第一县，中国最大的海上风电场等等，都矗立于江苏大地之上。

为了便于阅读，本书将收入的一百个“江苏之最”按性质分为历史文化、科学教育、地理、经济、军事、体育和综合七个板块，其中有些条目所涉内容存在交集，比如历史文化和科学教育两个板块。经济板块中许多的条目可细分为工业，之所以未将工业作为单独板块列出，是考虑到我国古代并无现代意义上的工业。

本书所编条目，力求准确无疑，注重浅显的知识性和一定的趣味性，并尽量延伸内容的深度及广度，以点带面，反应江苏在中国历史发展中做出的创造性贡献。鉴于社会在不断发展和进步，本书所列之“最”截止于完稿之时。

由于本书的特性，主要内容几乎都是基于前人的文字记录，编写者只是对这些“记录”进行比对、分析、综合与整理。在此，编写者对前人们表示万分敬意和感谢！

目录

地理篇

经济篇

军事篇

体育篇

其他篇

历史文化篇

历史文化名城最多的省份

江苏有10座历史文化名城，这是其他省和自治区不能相比的。所谓历史文化名城不是自说自话，而是由国家命名的。至2011年为止，国家一共分三批公布了历史文化名城。

1982年公布的第一批历史文化名城的江苏城市有南京、苏州、扬州；1986年公布的第二批历史文化名城的江苏城市有镇江、徐州、淮安、常熟。1994年，国家公布了第三批历史文化名城，无江苏城市入选。但在2001至2011年期间，国家陆续增补了20座历史文化名城，江苏的无锡、南通、宜兴榜上有名。

在国家公布的119座历史文化名城中，江苏以10座名列全国各省市自治区之首，排在江苏之后的是山东，有8座城市入选；浙江省有7座历史文化名城，列第三位。

能够入选历史文化名城的城市，都有着悠久的历史，自古以来为中国灿烂文明的发展做出了杰出的贡献。南京早有“六朝古都”之美誉，东吴、东晋、南朝的宋、齐、梁、陈，六个政权曾在南京建都；后来又有南唐、明（后迁都北京）、太平天国、民国，亦将南京作为首都，因而又有“十朝都会”之称。春秋年间，苏州即是吴国的都城，公元前514年建城，建成历史长达2500多年。扬州的建城史略短于苏州，但也将近2500年，春秋时期，今扬州市区一带称邗。公元前486年，吴灭邗，筑邗城。今人将公元前486年作为扬州建城元年。

也许你会觉得镇江资历太浅，实际上镇江的历史始于3000多年前，在西周康王时就为宜侯的封地（有出土的青铜器“宜侯矢簋”上的铭文为证），三国、六朝、唐代的文物遗存也十分丰富，镇江焦山碑林和丹阳六朝皇陵石刻等 14 个文物遗迹为全国重点文物保护单位。如果这仍然不能说服你，那么，我国历史上的几部重要著作应该让你心悦诚服——梁朝昭明太子的《昭明文选》、南朝刘勰的《文心雕龙》、宋朝沈括的《梦溪笔谈》，有证据表明，其写作过程都与镇江有关。《昭明文选》是我国现存编选最早的诗文总集，它选录了先秦至南朝梁代八九百年间、100 多个作者、700 余篇各种体裁的文学作品。《文心雕龙》是中国文学理论批评史上第一部有严密体系的文学理论专著。《梦溪笔谈》详细记载了劳动人民在科学技术方面的卓越贡献和作者自己的研究成果，反映了我国古代特别是北宋时期自然科学达到的辉煌成就，被西方学者称为中国古代的百科全书，英国科技史学家李约瑟将《梦溪笔谈》视为“中国科学史上的坐标”。

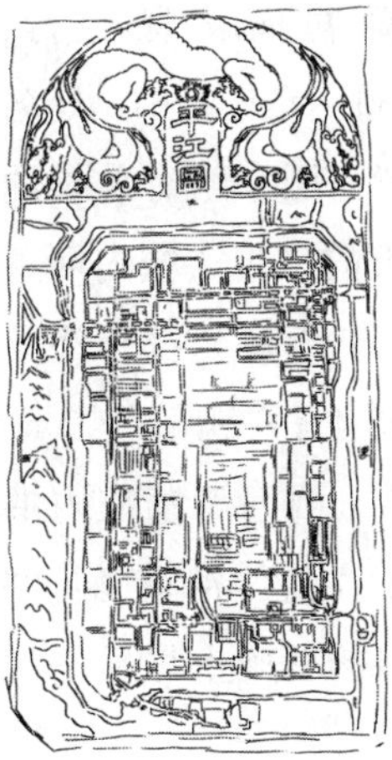

史上盖世无双的『四大宋碑』

我国碑刻历史悠久，名碑众多，但“四大宋碑”盖世无双，特指保存在苏州碑刻博物馆（苏州文庙）的《天文图》、《地理图》、《帝王绍运图》和《平江图》碑四块宋代碑刻。简称为“天、地、人、城”四大宋碑，四碑均为南宋刻石。1961 年被国务院公布为首批全国重点文物保护单位。

其中，《平江图》是我国现存最早最完整的城市地图，如此完整，是因为它是刻制在石碑上的，因此，它也是现存世界最早最完整的石刻城市地图。那么平江是何处呢？就是今天的苏州！从北宋政和三年（1113 年）至元末（1367 年），苏州先后叫做平江府和平江路。

这幅中国地图史上了不起的城市地图的来历，与城市改造有着直接关系。针对平江城的商业和手工业虽然繁荣但城市布局杂乱的局面，南宋绍定二年（1229 年），平江郡守李寿朋对城内坊市进行重新整理，把街坊全部改作前街后河，把坊市按功能和运输条件安排在城市的西半部，从而将整座城市规划得焕然一新。平江坊市重建之后，李寿朋命人勒石造碑，根据重建城坊的最新布局，在石碑上刻上平江城区地图。经过刻工吕梃、张允成和张允迪的努力，这幅名为《平江图》的城市地图刻上了石碑。碑高 2.76 米，宽 1.48 米，单线阴刻。

碑额为“平江图”三个字，字的两侧各有一条象征皇权正统的龙，彰显了地图的权威。《平江图》采用中国古代传统的地形地物形象的地图画法，相当精细地标明了城市的格局状况。包括城墙、官府、寺观、商行、书院、仓库、兵营、园林、河流、桥梁、道路等各种建筑和名胜古迹，标出了 613 处名称。其中，尤其突出了平江府、平江军、吴县等机关大院的位置。图中绘有总长约 82 公里的数十条河道和 359 座桥梁，充分反映了江南水乡城市的风貌。城内河道与街道相伴，把平江城分为一块块街区，密集的小桥连接着道路，每座桥都标注了名称。图中有人文景观的名称计 572 处，其中包括军政机构 93 个；它还记载了 50 多座寺庙道观、12 座古塔、65 座跨街牌坊，其中不少保留至今。山河湖荡在内的自然景观有名称的亦达 41 处。图中所绘河道纵 6 条，横 14 条，加之与河道平行的道路，让人们清晰地感到当时城市规划的思路。在 3 平方米多的石碑上尽显平江城的风貌，殊为高妙。

图中按上北下南、左西右东标有地理方位。根据苏州城建局 1978 年的实测，南北方位有一定偏差。经实测，比例尺南北方向为 1:2500，东西方向为 1∶3000。图中道路用平面图例表示，建筑物、山体、坟墓等用形象图例标识。

在苏州文庙保存的另外三块宋碑，勒刻年代早于《平江图》，历史价值甚至更高，其作者均为辅佐过三位南宋皇上的帝师、礼部尚书黄裳：

《天文图》碑高 1.9 米，宽 1.08 米。它的上部刻有北宋元丰年间(1078—1085)观测到的星辰 1440 颗和星座 280 个，是当时世界上星数最多的星象图，比欧洲人领先 300 多年。释文共 41 行，每行 51 字，计 2091 字，简述了天体、地球、南北极、赤道及日月食成因等天文知识，内容丰富，方位准确，在世界古代天文学史上占有重要地位。

《地理图》，碑高 2 米，宽 1.07 米，详细刻绘了宋朝的山川城池，图下有 645 字的注释，大致记述了中国自禹至宋的版图变迁。

《帝王绍运图》碑高 1.83 米，宽 1 米，上部以图表方式列出我国历代帝王世系，排列十分详尽清晰，下部是 550 字的简要评述。

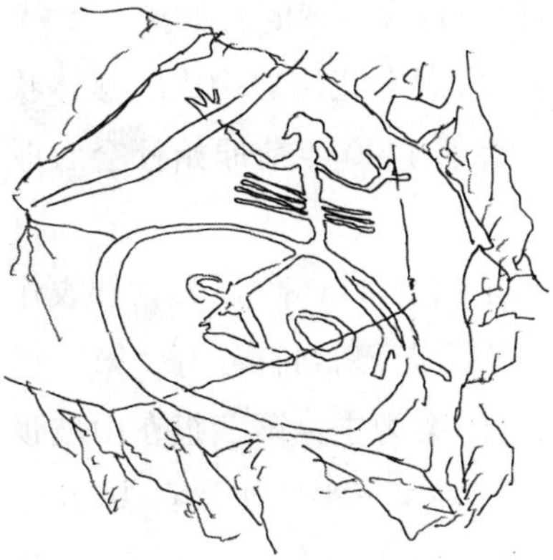

中国沿海唯一的岩画

江苏连云港将军崖上的岩画，是我国沿海迄今为止发现的唯一的岩画。

岩画是史前人类凿刻或绘制在山崖岩壁上的图画，分布于世界各地。在我们中国，至目前为止已有 12 个省（自治区）的 40 个以上的县（旗）发现了岩画。在中国有关“史前”的定义为：包括早期猿人、晚期猿人、母系氏族、以及有关三皇五帝的传说史，直到最后建立夏朝。这时期时间的跨度最大，从约 170 万年前到公元前 21 世纪。

有研究者将中国岩画分为南北两个系统，南系包括广西、四川、云南、贵州、福建等地，其中规模最大的是云南沧源和广西左江两地的岩画。南系的岩画多为绘制，其颜料为赤铁矿粉与牛血调制而成，北系的岩画分布于阴山（内蒙古为主）、贺兰山（宁夏）、黑山（辽宁为主）、阿尔泰山（新疆为主）一带，绵亘数千里。北系岩画一般不使用颜料绘制，主要是磨制、敲凿、线刻而成的。在我国历史上最早记录岩画的文献是 5 世纪北魏地理学家郦道元的《水经注》。

岩画的内容，不分南北，常常有动物、行猎、舞蹈、放牧、车辆、器物、原始文字和族徽符号等画面。由此可见，岩画不仅有娱乐功能，也有记叙功能，两个功能是并行的。岩画无论是南系还是北系的，均分布在内陆地区。而位于连云港市海州区锦屏镇桃花村锦屏山南麓的后小山西端的将军崖，却离海很近，刻在它上面的岩画，是我国唯一一个在滨海发现的岩画，也是我国汉族聚居地区首次发现的岩画。

将军崖岩画在南北长 22.1 米、东西宽 15 米的一块混合花岗岩构成的覆钵状山坡上，是用石器敲凿磨制而成的。将军崖岩画反映了 4600 年前原始社会农业部落的生产、生活和意识形态。

将军崖的第一组岩画在山坡西侧，南北长 4 米、东西宽 2.8 米，以人物和农作物图案为主。在人物与农作物之间，还有鸟头、鸟面、圆点、刻划符号等。第二组在山坡南侧，南北长 8 米，东西宽 6 米，以星象、鸟兽图案为主。第三组在山坡顶部，由人面像和各种符号组成。另外，在山坡顶部还有一大三小四块大石头，其中一块上有许多人工凿磨而成的圆窝，直径在 3 至 7 厘米之间。

在将军崖第二组岩画的东侧、第三组岩画南侧，研究者后来又发现了三个清晰的鱼形图案，其中最南侧的一个图案酷似比目鱼，体形宽大，头部有两只圆圆的眼睛。中间的鱼形图案周围约一平方米的范围内，布满了不规则的呈网状的横竖线条。图案线条简洁、清晰，两条粗犷的弧形线条即勾勒出鱼的形状。

根据岩画、大石以及将军崖所在的地形、地势看，此地是一处原始宗教的祭祀场所。

中国最早的佛教造像

大部分学者认为，连云港孔望山上的佛教摩崖石刻造像是我国迄今为止发现的最早的佛教造像，雕刻年代为东汉桓帝、灵帝时期，早于著名的敦煌石窟 200 年。造像依山岩的自然形态刻在东西长 18 米、高 8 米的崖壁上，共计 105 个，分成 18 组。其人物造像计 89 尊，最大的高 1.54 米，最小的仅高 10 厘米。

整个造像群表现了三个方面的内容：一是佛教内容，有佛、菩萨、弟子、力士和供养人等 85 尊，以释迦牟尼佛的本生和本行故事为题，表现了萨陲那太子舍身饲虎、涅槃、初转法轮等情节。二是道教内容，主要是表现道教的崇拜形象，总共四尊，其中三尊独立的汉式衣冠正面像，是造像群中最大的造像。四尊人物造像分别为老子及其供养人、关令尹喜和黄帝。三是世俗内容，为汉画像石中常见的“进谒”、“宴饮”等。造像群的雕刻技法有单线阴刻、平面线刻、浅浮雕、高浮雕四种，主要以平面减地浮雕为主，风格古拙。

金元时期，孔望山即有人留下类似于“到此一游”的铭刻。明清时，孔望山摩崖造像更是当地重要的人文景观，并见于地方史志和登临者游赏后所留下的勒石题记和诗咏中。但“孔望山石上有车辙马迹，峭壁岩嶙，有诸贤摩崖像，冠裳甚古，如读汉画”的记载，证明此时人们还只是将其看成是“传说的诸贤像”。1956 年孔望山摩崖石刻，被列为江苏省省级文物保护单位，也是因为其年代久远造像众多。直到上世纪七十年代末，学者仍仅仅认为其主要内容是汉代画像石上常见的宴饮、乐舞、杂技之类的题材，人物造像的冠式也具有明显的汉代特征。进入上世纪八十年代，全国诸多专家学者将目光投向孔望山，得出了如今这个结论。正因为此，1988 年 1 月 13 日，国务院将孔望山摩崖造像公布为全国第三批全国文物保护单位，并指出其是我国迄今发现最早的佛教石刻艺术。

除了这些摩崖石刻造像群，孔望山还有两个巨大的圆形石雕像，一为大象，二为蟾蜍，亦为汉代产物。在孔望山东主峰顶还有两处东汉至魏晋的道教遗存，一处为“石承露盘”，另一处为“杯盘刻石”。之所以出现如此大的石刻群，是因为孔望山的石头都是花岗岩、片麻岩，是摩崖石刻的上好材料。

为什么叫做孔望山？因为当年孔子在此登山望海。一个民间传说：孔子来郯子国（今天的连云港一带），准备向东夷人传播“礼乐”，即关于礼貌的学问。当时孔望山外是大海。孔子登上山，看到山下海滩上有无数招潮蟹在不停地挥动大螯，向前爬行。孔子非常惊讶，以为这些螃蟹正在向他挥手致敬。他转过身，对弟子说：“这里连螃蟹都懂礼貌，我还有什么可讲的呢？”于是便起身回鲁国去了。

中国第一位比丘尼

中国历史上第一位比丘尼，是彭城（今江苏徐州）人仲令仪。

比丘尼就是大家俗称的尼姑！比丘尼在中国历史上是一个重要的“职业”，直至今天仍有相当影响。

在印度的梵文里，比丘尼拼写为 Bhikkhuni；在汉语翻译中，除了比丘尼，古代还译为比呼尼、尼、除女、董女、沙门尼。

满二十岁出家，受了具足戒（佛教的一种戒律与仪式）的女子，称为比丘尼。尼姑需守的戒律甚多，统称五百条（各戒本有出入）。仲令仪，法号检净，在东晋升平元年（357 年）受了具足戒，正式成为比丘尼，也成了中国第一个比丘尼。

仲令仪生于公元 291 年，殁于公元 361 年，大半生都处于“五胡”闹中华的战乱时期。西晋灭亡前后，洛阳的达官显贵、商贾富豪都携带家眷和资财逃到江南（东晋），她的家同成千上万家庭一样，都艰苦地驻守在故都洛阳，经历了四次洛阳保卫战。公元 308 年，叛民王弥率军数万攻打洛阳，洛阳军民浴血抵抗，保住了洛阳城；她的父亲——曾任西晋凉州郡（今属甘肃）太守和她的丈夫，却双双战死。

十七岁就守寡，这是多么大的灾难啊，但生活仍将继续。仲令仪与母亲一起坚强的生活，她懂诗书会琴艺，便做起了家教，去教大户人家的女子。在传授诗书和琴艺的同时，仲令仪在大户人家里听闻了佛教，并产生了浓厚的兴趣。在那个多灾多难的时代，宗教显然可以成为这位年轻寡妇的精神支柱。几年后，她与 24 名同道一起向西域来的沙门智山大和尚拜受十戒，削发为尼，法号“净检”。受戒以后，净检和弟子们一起，在洛阳宫城西门，创建寺庙，取名为竹林寺。但依据佛门法规，仅受十诫尚不足以成为真正的比丘尼。因此，东晋升平元年二月八日（357 年），洛阳请来自外国的沙门昙摩竭多设坛于船上，净检等四人在船中登坛，从大僧昙摩竭多受具足戒，始“功德圆满”。

《中国比丘尼第一人》一书是这样评价她的：“净检，是第一个打开中国女尼半边天的菩萨，并成为东方比丘尼的鼻祖。她有高尚的人格，悲悯的情怀，慈善的行为，广传的口碑，最后成了中国第一位东方比丘尼的大成就者！”

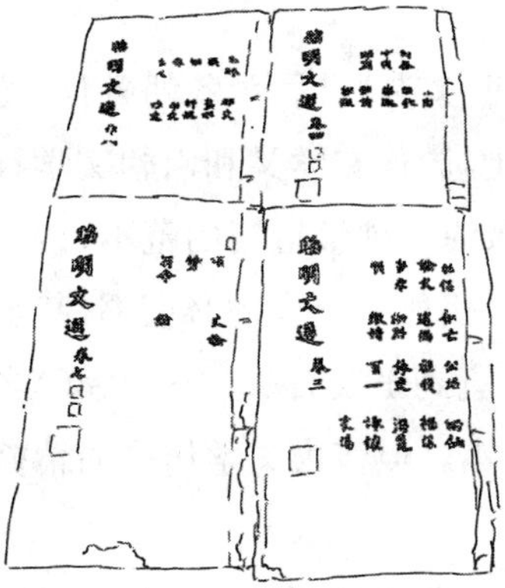

中国现存最早的诗文总集

大家都知道我国最早的诗歌总集是《诗经》,《诗经》汇集了自西周初年至春秋中叶五百多年的诗歌305篇,可以说是我国诗歌乃至文学的发端。

《昭明文选》则是我国现存最早的诗文总集,由南朝梁武帝的长子萧统主编。萧统死后谥“昭明”,所以他主编的这部文选称作《昭明文选》,由于他是太子,所以又称《昭明太子文选》。

萧统活得很短暂,生于501年,卒于531年,只活了三十岁,身为太子尚未登基便亡故了。在短暂的一生中,萧统继承家传,酷爱文学。传说萧统自幼就喜爱读书,一目十行,过目不忘。到了十几岁,已满腹经纶。这显然是萧统成为编纂大家的基础。在其日常起居工作的建康(今南京)皇宫里的东宫藏有图书将近3万卷,萧统悉心研读。萧统还前往京口(今镇江),在南郊的招隐寺修房造屋,与古松修竹、清泉幽涧相伴,专心读书和选文。

《昭明文选》全书30卷,共收录上起子夏(《昭明文选》所署《毛诗序》的作者)、屈原,下迄当时(即公元526年)的已故132个作家的各体诗、文、辞赋等38类,共700余篇作品。选录的作品,已经注意到了文学作品与一般学术著作的区别,所以不选六经、诸子中的文章。这部诗文集大体上包括了先秦至南朝梁代初叶的重要文学作品,反映了各种文体的发展轮廓,为后人阅读和研究这七八百年间的文学保存了重要的资料,比如,著名的汉代“古诗十九首”,如果没有《昭明文选》，即有可能失传。

除了文学作品编选学和其本身的文学意义，《昭明文选》日后对各朝各代，尤其是唐宋科举活动产生了重大影响。唐代以诗赋取士，唐代文学又和六朝文学具有密切的继承关系，因而《文选》就成为人们学习诗赋的一种最适当的范本，甚至与经传并列。宋初承唐代制度，亦以诗赋取士，《文选》仍然是士人的必读书，甚至有"《文选》烂，秀才半"的谚语（陆游《老学庵笔记》）。直到王安石（1021—1086）当权，以新经学取士，此后《文选》才不再成为士人的课本。但作为文学作品的精粹选本，其历史价值和资料价值永存。

《昭明文选》是现在我们可以看到的最早的一部诗文总集，但据《隋书·经籍志》记载，自晋代以迄陈、隋，总集共有 249 部，5224 卷，其中著名的早于《昭明文选》的诗文总集有晋代挚虞的《文章流别集》、李充的《翰林论》、宋代刘义庆的《集林》，但都已亡佚。

中国第一部体系严密的文学理论著作

成书于公元501—502年的《文心雕龙》是我国第一部体系严密的文学批评理论著作，这部开创性地奠定了我国古代文学批评体系著作的作者是刘勰。

刘勰，字彦和，祖籍东莞莒县（今山东省日照市莒县）。不过，他的四世祖即已经从莒县搬到了京口（今江苏镇江）。而他一生的主要时光，是在建康（南京）度过的，其间在钟山南麓的定林寺前后居住了大约二十年。今天，你若去钟山（紫金山），即可以看到粉墙黛瓦的定林山庄。尽管是上世纪九十年代复建的，但在山庄绿树掩映中的刘勰纪念馆，你可以体会到心灵的宁静。

在钟山的定林寺里，刘勰跟随高僧研读佛书及儒家经典，并借助寺中丰富的藏书，潜心学习和研究，32岁时开始写《文心雕龙》，历时五年完成了对后世影响巨大的文学理论巨著——《文心雕龙》。

《文心雕龙》共计三万七千余字，共十卷，五十篇，分上、下部，各二十五篇，包括总论、文体论、创作论、批评论四个主要部分。《文心雕龙》将文学理论的这四个方面组成一个严密的系统，观点首尾一贯，各部分之间又互相照应，博大精深，缜密思辨，不仅是古代空前甚至绝后的文学理论著作，其1500多年前的文学理论即使是在今天也未过时，对于现代、当代我国的文学创作、文艺批评等产生了重大影响。

世界上许多国家的文学理论工作者越来越多的关注和重视《文心雕龙》在中国古代文学批评和文艺理论发展史上具有巨大的奠基意义。这份宝贵的文化遗产，对我国古代文学理论建立的突出贡献是：

一、初步建立了文学史的观念。刘勰认为，文学的发展变化，终归要受到时代及社会政治生活的影响。

二、分析论述了文学创作内容和表现形式的关系，主张内容和形式并重，主张“为情而造文”，反对“为文而造情”，坚决反对片面追求形式的倾向。

三、对文学创作中的主客观关系作了详细而深入的论述，从创作的各个环节上总结了经验，提出了应该避免的失败教训。

四、初步建立了文学批评的方法论。批评了“贵古贱今”“崇己抑人”“信伪迷真”“各执一隅之解”的不良倾向，要求批评家“无私于轻重，不偏于憎爱”。与此同时，他还提出了“六观”的批评方法：一观位体，看其内容与风格是否一致；二观置辞，看其文辞在表达情理上是否确切；三观通变，看其有否继承与变化；四观奇正，看其布局是否严谨妥当；五观事义，看其用典是否贴切；六观宫商，看其音韵声律是否完美。

刘勰因《文心雕龙》声名鹊起，后来担任同样是文学大家的梁昭明太子萧统的秘书（管章奏）和卫士长。昭明太子不幸去世后，他痛不欲生，经昭明太子的父皇梁武帝批准，终在定林寺出家为僧。

我国古代伟大小说家最多的省份

论中国古代小说之成就，莫过于四大名著，而四大名著的作者——中国古代最伟大的小说家，有三个是江苏人：《水浒传》的作者施耐庵；《西游记》的作者吴承恩；曾祖起就居住江苏、而本人出生于江苏的《红楼梦》作者曹雪芹；只有一个是外省人，即《三国演义》的作者山东人罗贯中。有意思的是，罗贯中与江苏也有“重大”关系，他是施耐庵的学生！

按出版时间排序，四大名著的第一部是《水浒传》，写的是水泊梁山一百单八名江湖兄弟造反的事，里面充满了令人回肠荡气、肃然起敬的义气，描写生动传神，人物性格鲜明，故事曲折诱人。其作者施耐庵(1296—1371)，生活于元末明初，元朝进士，原名施彦端，字肇端，号子安，别号耐庵。施耐庵祖籍江苏泰州海陵县，出生于江苏兴化。

施耐庵是个正义感极强的人，在担任元朝的钱塘县尹时，因替穷人辩冤纠枉遭上级训斥，遂辞官回家，后参加了邻县东台白驹场(今属江苏大丰市大龙乡张家墩)盐民张士诚等十八名壮士率壮丁起义反元。张士诚敬其文韬武略，再三邀请他为军幕，施耐庵抱着建造“理想乐土”的宏愿欣然前往，为张士诚献了许多攻城夺地的计策。后因张士诚居功自傲，独断专行，亲信佞臣，疏远忠良，施耐庵几次谏劝，张士诚都不予采纳，于是愤然离开平江。此后，浪迹江湖，替人医病解难。后入江阴祝塘财主徐骐家中坐馆，除了教书以外，还与拜他为师的罗贯中一起研究《三国》、《三遂平妖传》的创作，搜集、整理北宋末年以宋江为首的一百零八人在水泊梁山起义的故事，为撰写《江湖豪客传》准备素材。朱元璋灭张士诚后，到处侦查张士诚的部属。为避免麻烦，施耐庵征求兴化好友顾逖的意见，在白驹修了房屋，从此隐居，专心于《江湖豪客传》的创作。《江湖豪客传》成书后，定名为《水浒传》。

《西游记》是我国最伟大的神话小说，以唐代玄奘和尚赴西天取经的经历为蓝本，借神仙鬼怪之事，写世间百态，以乐观的笔触寄予了作者渴望建立"君贤神明"的王道之国的政治理想，是我国古代长篇小说浪漫主义的高峰，在世界文学史上，它也是浪漫主义的杰作。

《西游记》作者吴承恩(1501—1582)，字汝忠，号射阳山人。淮安府山阳县(今江苏省淮安市楚州区)人。出生于一个由下级官吏沦落为小商人的家庭，他的父亲吴锐性格乐观旷达，奉行常乐哲学，为儿子取名承恩，字汝忠，意思希望他能读书做官，上承皇恩，下泽黎民，做一个青史留名的忠臣。吴承恩小时候勤奋好学，一目十行，过目成诵。他精于绘画，擅长书法，爱好填词度曲，对围棋也很精通。少年时代就因为文才出众而在故乡出了名，受到人们的赏识，认为他科举及第，"如拾一芥"，然而他科考不利，至中年才补上"岁贡生"，在南京的明王朝江南贡院学习十数年。虽长期靠卖文补贴家用，但与南京的朋友们喝酒行令，也是快活。吴承恩一边在贡院"苦读"儒家典籍，一边继续其搜奇猎怪的爱好，看神仙鬼怪、狐妖猴精之类的书籍。五光十色的神话世界，对他创作《西游记》有着重大的影响。30 岁后，他搜求的奇闻已"贮满胸中"了，并且有了创作的打算。50 岁左右，他写了《西游记》的前十几回，后来因故中断了多年，直到晚年回到故里，他才得以最后完成《西游记》的创作，历时 7 年。

《红楼梦》(又名《石头记》)是我国长篇小说的巅峰之作，作者曹雪芹生于南京，字梦阮，雪芹是其号。其曾祖父、祖父、父亲三代在南京为官，曾祖曹玺任江宁织造，祖父曹寅做过康熙皇帝的伴读和御前侍卫，后任江宁织造，兼任两淮巡盐监察御使，极受康熙宠信。其子曹顒、曹頫先后继任江宁织造。他们祖孙三代四人在南京担任此职达 60 年之久。而曹家的籍贯，有江西南昌之说，也有辽宁辽阳之说，还有山东乳山之说。所以，将自幼浸染"秦淮风月"的曹雪芹视为南京人，其实更为准确。

雍正初年，由于封建统治阶级内部政治斗争的牵连，曹家遭受一系列打击。父亲曹頫以"行为不端"、"骚扰驿站"和"亏空"罪名革职，家产抄没。曹頫下狱治罪，"枷号"一年有余。这时，虚岁大约十四岁的曹雪芹随着全家迁往北京，开始了穷困且最终一贫如洗的生活。正是前后对比极其强烈的生活，让未及二十岁的曹雪芹开始了历时十载、五次增删的创作过程，写就了深刻而伟大的现实主义杰作——"字字看来皆是血"的《红楼梦》。

《红楼梦》以明王朝为历史背景，所叙述的故事在金陵的贾府为首的四大家族之间展开，从兴盛到衰败；在曹雪芹细致入微的笔下，贾宝玉和金陵十二钗，每个人物至今都活生生地站立在我们面前。听听曹公笔下的人物说的南京话吧：

茗烟在窗外道："……那是什么硬正仗腰子的，也来唬我们……"

（注意："硬正"，有"强而有力"之意，南京人至今还在使用）

贾母笑道："如今眼下拿着咱们这中等人家说起，也没有那样的事，别叫他诌掉了下巴颏子。"

（注意："下巴颏子"，也是典型的南京话，北方话只说"下巴颏"，而不说"下巴颏子"）

南京人至今还使用"韶叨"这个词来形容某人啰嗦。《红楼梦》第二十四回中，曹雪芹写道："贾芸听他韶刀得不堪，便起身告辞。"

曹雪芹等于在告诉我们，三百年前的南京话，至今还活着！

中国古代最详尽的地理游记

《徐霞客游记》是明末大旅行探险家徐霞客的旅游日记，是中国最早一部详细记录所经地理环境的古代游记，也是世界上最早记述岩溶地貌并详细考证其成因的书籍。

徐霞客（1587—1641），名弘祖（也作宏祖），字振之，别号霞客，江苏江阴人（今江苏江阴市）南喝岐村人。他的游记不仅有地理学的重要价值，而且文笔翔实优美，是旅游文学佳作。为了纪念徐霞客，他的故乡已被命名为霞客镇。

自1607年新婚之后起，徐霞客在贤德母亲的支持下，除了自己家和至亲出现婚丧这样的重大事件外，几乎没有停止旅游，直至1640年腿疾不能行走，其间约有二十八年在旅途中度过，存世的文字有天台山、雁荡山、黄山、庐山等名山游记17篇和《浙游日记》、《江右游日记》、《楚游日记》、《粤西游日记》、《黔游日记》、《滇游日记》等，计60余万字，病故后由他人整理成《徐霞客游记》，世传本有10卷、12卷、20卷等数种。主要记述作者1613至1639年间旅行观察所得，对地理、水文、地质、植物等现象，均作详细记录。

徐霞客游历了大半个中国，足迹遍及现今的浙江、安徽、福建、山东、河北、山西、陕西、河南、江西、广东、广西、湖南、湖北、贵州、云南等16个省以及北京、天津、上海三个市。踏遍这些省市境内大部分著名山川。在游历途中，徐霞客大都徒步，披星戴月、风餐露宿。

无论身体多么疲惫、条件多么恶劣，他都每天坚持记日记。惜乎众多游记因清军战火而焚毁，如在山东、南京和北京、天津的游记。据研究，遗失文字达 200 多万字。

今人研究后认为，徐霞客在地理学上的重要成就有：一、喀斯特地区的类型分布和各地区间的差异，尤其是喀斯特洞穴的特征、类型及成因，有详细的考察和科学的记述。仅在中国广西、贵州、云南 3 省区，他亲自探查过的洞穴便有 270 多个，且一般都有方向、高度、宽度和深度的具体记载。并初步论述其成因，指出一些岩洞是水的机械侵蚀造成，钟乳石是含钙质的水滴蒸发后逐渐凝聚而成等。他是中国和世界广泛考察喀斯特地貌的卓越先驱。二、纠正了文献记载的关于中国水道源流的一些错误。如否定自春秋战国时期的《尚书·禹贡》以来流行一千多年的"岷山导江"旧说，肯定金沙江是长江上源。正确指出河岸弯曲或岩岸近逼水流之处冲刷侵蚀厉害，河床坡度与侵蚀力的大小成正比等问题。对喷泉的发生和潜流作用的形成，也有科学的解释。三、观察记述了很多植物的生态品种，明确提出了地形、气温、风速对植物分布和开花早晚的各种影响。四、调查了云南腾冲打鹰山的火山遗迹，科学地记录与解释了火山喷发出来的红色浮石的质地及成因；对地热现象的详细描述在中国也是最早的；对所到之处的人文地理情况，包括各地的经济、交通、城镇聚落、少数民族和风土文物等，也作了不少精彩的记叙。

其实，按现代的说法，徐霞客是旅行家，但更是一个探险家。他喜欢猎奇，自称"闻奇必探，见险必截"。每每遇到古洞、奇峰、飞瀑、幽谷等奇异景观，他都把安危置之度外，只求一览"庐山真面目"。

明崇祯十三年(1640 年)，在云南得病，双足不能行走，由当地知府用轿子送返江阴。崇祯十四年，这位中国伟大的旅行探险家溘然病逝。

中国第一斜塔

苏州的虎丘塔已有1000多年历史，它的闻名，在于它的古老，但更在于它的倾斜。虎丘塔与著名的意大利比萨斜塔相比，要古老两百多年，但倾斜度相差无几，因此有人将其称为“中国的比萨斜塔”。的确，虎丘塔是我国现存倾斜度最大的古塔，可谓中国第一斜塔。

这座塔其实是云岩寺的一座佛塔，所以正式名称应该是云岩寺塔。之所以又叫它虎丘塔，是因为它坐落于虎丘山。始建于601年（隋文帝仁寿九年），初建成木塔，后毁。现存的虎丘塔建于959—961年（后周显德六年至北宋建隆二年），是仿木结构的砖塔。

元代和明代几经修葺，现第七层为公元1638年（明崇祯十一年）前后修建的。1961年列为全国重点文物保护单位之一。

虎丘塔与我国最著名的塔——西安大雁塔相似，都是大型多层的仿木构楼阁式砖塔，它们同为七层，大雁塔现高64米，虎丘塔现高47米，若恢复其初建原状（即包含原塔刹部分在内），也当在60米上下。但是，虎丘塔作为晚辈，比大雁塔又进步了一些：在建筑功能上，虎丘塔的外塔壁外面出现了平座栏杆，这就使登塔者能自由地走出塔体，扩展视野，从而改变了大雁塔那种只能从塔体门洞内往外观望的小视角状况。在虎丘塔之前的砖塔中，至今还没有发现塔体外建有平座栏杆的先例。这代表了时代与技术的发展。

由于塔基土厚薄不均、塔墩基础设计构造不完善等原因，虎丘塔逐渐向西北倾斜，现在塔顶中心偏离底层中心 2.34 米，塔身倾斜度为 2.48 度。

通过对塔体及基础的考察可知，虎丘塔是建于基岩层上的。虎丘山为西南——东北走势，建在基岩层上的塔也就往东北方向倾斜。但现在倾斜的虎丘塔塔身的第七层却又向西南方向斜了过去，就像是矫枉过正。有古建专家认为：为了防止倾颓，明代崇祯年间对虎丘塔进行的维修是这样一次“矫枉过正的大手术”，当时的工程师或者说工匠们有意将第七层往相反方向倾斜铺砌，形成了虎丘塔独有的现象。

虎丘塔为套筒式结构，塔内有两层塔壁，仿佛是一座小塔外面又套了一座大塔。其层间的连接以叠涩砌作的砖砌体连接上下和左右，这样的结构，性能上十分优良，虎丘塔历经千年斜而不倒，与其优良的结构是分不开的。塔身平面由外墩、回廊、内墩和塔心室组合而成。全塔由 8 个外墩和 4 个内墩支承。内墩之间有十字通道与回廊沟通，外墩间有 8 个壶门与平座（即外回廊）连通。自虎丘塔之后的大型高层佛塔也多采用套筒式结构。当代世界上的高层建筑也多采用套筒结构，这足以显示出中国古代建筑匠师们的智慧和技巧了。

1953 年的一天，云岩寺住持楚光突然听到虎丘塔东北角的封门处轰然一声巨响，砖石崩裂满地，千年古塔似乎在发出即将倒塌的信号。苏州政府有关部门开始请专家研究抢救方案。1956 年至 1957 年，展开抢救工程。首先对塔身进行了加固，即在每层塔身加钢箍三道，并在每层楼面的东西方向和南北方向加置十字钢筋，与塔身钢筋拉结在一起；对塔体裂缝和塔壁缺损部位喷灌水泥砂浆进行修补。大修期间，在塔身内发现了以越窑青瓷莲花碗为代表的许多珍贵文物。

1981 年至 1986 年，虎丘塔又进行了新中国以来的第二次大修。这次以加固塔基和基础为主，在塔底外围 2—2.8 米处共打了 44 个深坑，直至岩石层。再在坑里构筑混凝土壳体基础，力图从根本上消除塔体沉降和倾斜的威胁。塔体稳定，倾斜和沉降的变化都降到了极小的范围。

虎丘塔的身上有 130 万块砖，主要是唐朝的条砖、方砖和明代维修时用的条砖，现在又加入了钢筋混凝土。它屹立千年，倾而不倒，除了它自身科学的结构缘故之外，也是一代代国人爱护的结果。

中国第一照壁

夫子庙又叫孔庙、文庙，是祭祀我国著名的大教育家、思想家孔子的地方。孔子在古代被人们尊称为孔夫子，故其庙宇俗称“夫子庙”。由于儒学的正统地位，它的创始人孔子备受封建社会历朝历代的统治者和士子们的尊崇，祀奉他的孔庙遍布全国各地。南京夫子庙始建于宋景祐元年(1034 年)，由东晋学宫扩建而成。这一规模宏大的古建筑群历经沧桑，几番兴废。清同治八年重建之后，1937 年被侵华日军焚烧严重损坏。现存夫子庙为八十年代初复建的。

宋代建设夫子庙时，内秦淮河流经现南京夫子庙广场的一段被改造为泮池，仿照曲阜孔庙泮水流过而得名。明清两代往往在庙宇和大型衙署的正门外建照壁、牌坊等，作为整个建筑组群的序幕，以作遮蔽和装饰之用，给人一种庄严雄伟之感，还起到一种进门由隐蔽转而达到“豁然开朗”的效果。因此，南京夫子庙也毫无例外地修建了照壁。

南京夫子庙照壁位于文德桥旁内秦淮河河畔的泮池南岸，始建于明万历年间(1575 年)，长 110 米，高 8 米，气势磅礴，规模超过山东曲阜孔庙照壁，为全国照壁之最。照壁壁垣顶置小圆筒青瓦，鸱尾衔壁脊，四角小翘，似如崇楼广厦，上面盘踞着两条金黄色的巨龙戏珠，栩栩如生。

泮池北岸的石栏杆是明正德年间(1514 年)所建，历经沧桑变迁，现成为南京夫子庙建筑群中保存最好的古代建筑小品，游人凭栏小憩，观览秦淮秀色，心旷神怡。泮池西侧的文德桥现为汉白玉桥，因儒家提倡文章道德而得名。因为桥向与子午线方向一致，所以每逢农历十一月十五子时左右，皓月当空，凭栏俯视，在桥的两边分别可看到桥影将河中明月分成两个半月的奇观，被称为“文德分月”。

如今的南京夫子庙照壁更多地为了方便游人观赏和营造热烈气氛，壁顶用霓虹灯环绕，夜晚灯火映水，分外耀目。

中国古桥最多的城市

自古以来，苏州就以水乡著称于世，城内河流纵横，桥梁密布。在苏州老城，青石板的小巷与粉墙黛瓦的老屋相伴，与小巷相连的往往就是小桥流水，水巷街坊并行。元代，意大利人马可波罗来到苏州，禁不住叹道：真像我的家乡威尼斯啊！从此，苏州有了“东方威尼斯”之称。

如果说苏州是中国古桥最多的城市，没有哪个城市会表示哪怕一点点委屈。马可波罗见景思乡，他有所不知的是，苏州的桥梁实际上远远多过他美丽的故乡威尼斯。根据马祖铭先生的研究——清朝末年的《苏城全图》标绘，当时面积 14.2 平方公里的苏州城内共有桥梁 311 座，平均每平方公里超过 21.9 座。而威尼斯，每平方公里仅有桥梁 0.66 座。

就像中国自古以来有多少座桥一样，苏州到底有多少座桥，人们很难有确切的数字，只能大略估算。我国桥梁专家罗英理事十余载写就的《中国石桥》(1959 年出版)一书曾估算中国总共有过四百万座石桥。而有人认为，自古至今，苏州有 32000 多座桥。比较两个数字可以得知，苏州的桥梁几乎占到全国的百分之一，殊为客观。

徜徉在苏州桥的历史足迹里，人们寻找到了一些有关苏州桥的数字：

唐朝白居易在苏州做刺史，他用“绿浪东西南北水，红栏三百九十桥”的诗句形容苏州。南宋时期的《平江图》(苏州时称平江府)，绘有桥359座。宋代龚明之在所著有关苏州风土人情的《中吴纪闻》一书上记载，苏州的有名字的桥就达到360座。清末，苏州府治所的吴县、元和、长洲，城外桥数在700座左右，城内311座。从用材和形式看，这些桥梁主要是石板桥、石拱桥。

如今，许多清代及以前建造的古桥已无踪影。马祖铭先生在其《苏州桥梁志》中说，清末以来的一百年时间里，苏州的桥梁数量逐渐增加，但民国以前建造的古桥数量却逐渐减少，苏州古城内的古桥只剩132座，比清朝末期减少了约六成。其中多数是石板桥，石拱桥只剩40多座。这之中的原因主要在于城市的变迁，但即便如此，苏州也是我国古桥最多的城市。

平江河是苏州历史最悠久的河，河上现有桥梁18座，是苏州古桥最密集的地段。紧邻平江河是平江府路，经过修缮的老式房屋连绵不息，已是小资们游览苏州必去之地。

浪漫的人们显然向往那小桥流水人家的时代。唐朝诗人杜荀鹤在《送人游吴》中写道："君到姑苏见，人家尽枕河。古宫闲地少，水巷小桥多。"听着小桥下的流水声入眠，你也在期待吧？

中国保存最完整的水陆城门

盘门位于苏州市城西南隅，是苏州现今唯一保存完整的古水陆两用城门，也是全国保存最完整的古代水陆并峙城门。2006年5月25日，盘门作为元代古建筑，被国务院批准列入第六批全国重点文物保护单位名单。

盘门始建于春秋吴国阖闾元年（公元前514年），是吴王阖闾命伍子胥所筑吴国都城的8座城门之一，因门上悬有木制蟠龙，以震慑南面的越国，最初称为蟠门。后来因为其“水陆相半，沿洄屈曲”，改称盘门。根据流传至今的南宋《平江图》碑，可以确定当时盘门的位置与今天是重叠的。

现存的城门是元至正十一年（1351年）在原址上重建，1356年，反元起义军张士诚又增建了瓮城。两道陆门两门异向，中间部分，腹大中空，为边长约20米的方形，亦称瓮城。古城战守，诱敌至此，从城上放箭、坠石，犹如瓮中捉鳖，可全歼入侵之敌。这就是古代重要城门常见的所谓瓮城。明初、清初、晚清和1986年都曾对盘门进行过修缮，但总体布局和建筑结构基本保持元末明初的旧观。

盘门是一座水陆城门，水陆城门紧密毗连实为一体，这是它为今人所重视的主要原因。水陆两门交错并列，呈曲尺形。陆门居北，分内外两重，中间位形成周长180米的方形瓮城，藏兵洞可以匿藏数百兵丁，适应古代防御的需要。城上筑有飞檐翘角的城楼，以及锯齿形雉碟、射孔、闸口及绞关石等防御设施。水城门在陆门南侧(其北与陆门连为一体),也设有内外两重城门及瓮城组成,全用花岗岩石构筑,纵深 24 米,形成高大的城门洞,可容两只小船并列通航,每重门都有巨型闸门,两门之间有暗道通向城楼。陆门供人车进出,而水门可驶入从大运河而来的行船。水陆城门均设有巨大的闸门,古代用盘车提升或关闭城门,可控制往来行人与船只,便于设防守城。当两门一关,无论陆路水路,都成绝路,不可通行。

历史上,苏州西、南两面的三座城门都面临京杭大运河:阊门、胥门和盘门,盘门的重要性仅次于阊门、胥门,而超过其他城门。盘门控制着苏州西南角城内外的水陆通道。

中国最长的城墙

城墙是中国古代城市的防御设施，可谓无城不城墙。明王朝给南京留下的最大物质财富就是——现存中国和世界最长的城墙。

1373 年 6 月 21 日，明朝皇家档案记载明城墙长度为“周一万七百三十四丈二尺”，折合今制为 34.349 公里。2005 年 11 月，江苏省测绘局与江苏省文物局及南京市文物局合作，采用高科技测绘手段进行的测定显示，明城墙筑造完成时长度为 35.267 公里；现在地面遗存部分 25.091 公里，遗址部分为 10.176 公里，基本完好的总长度为 23.399 公里。

这些数据都说明南京城墙之辉煌无比。列中国和世界第二长的城墙是开封的城墙，长度为 14.4 公里，为清代所重建；列第三位的是西安城墙，长度为 13.912 公里，也是重建于明朝，但竣工时间早于都城南京的城墙八年。

1366 年，朱元璋下令开始修建南京城墙，动用各类筑城人员达百万余众，涉及长江中下游数省的广袤地区，至今在江西宜春，也就是当年的袁州，还留有数座为烧造南京城墙用砖的砖窑，现在去南京城墙上搜寻，你还可以在墙砖上看到“袁州府”的字样。明洪武十五年(1386 年)，历时 21 年之久，气势宏伟的南京城墙修造完成，从此独步天下，无城可以企及。

南京城墙是我国古代城垣建造技术与能力的集大成之作。无论历史价值、观赏价值、考古价值以及建筑设计、规模、功能等诸方面，国内外城墙都无法与之比拟，可谓是继我国秦长城之后的又一建筑奇观。南京城墙高度一般在 14 米至 21 米之间，墙基的宽度为 14 米左右，顶部的宽度在 4 米至 9 米之间；开封城墙高 8 米、宽 5 米；西安城墙高 12 米，底宽 15 至 18 米，顶宽 12 至 15 米。南京大部分城墙都先用花岗岩或石灰岩的条石做基础，再用大砖垒砌内外两壁和顶部，内外壁之间常用碎砖、砾石和黄土层层夯实。城墙顶部和内外两壁的砖缝里，都浇灌一种“夹浆”。这种夹浆用石灰、糯米汁（或高粱汁）或再加桐油掺和而成，凝固后粘着力很强，使城墙能够经久不坏，屹立至今 600 多年之久。

其实，朱元璋修建南京城的时候，以紫禁城为核心，一共修了四道“城墙”，由外向内分别为外郭（外城）、内城（京城）、皇城和宫城。外郭为土筑，原有 18 座城门，周长约五六十公里，在民国时期即已经湮没无存，仅余城门的地名流传至今，比如现在南京的仙林地区还有叫仙鹤门的地方。

南京城墙是中国和世界最长的城墙，但从民国到现代的城建变迁，已被分割为不相连接的几段，完整性不及开封城墙和西安城墙。需要说明的是，开封和西安的城墙也曾与南京的一样随着城建变迁而断开，只是从上世纪八九十年代开始的整修，才重新连接起来。

无论连接与断开，那长长的高大巍峨的城墙，都代表着悠久，代表着历史，蕴含着一座城市与众不同的特质！

中国古代现存最大的无梁殿

南京灵谷寺位于紫金山东麓，这里松木参天，景色宜人，有“灵谷深松”之称。灵谷寺开建于南朝梁天监十三年。第二年梁武帝扩建造寺，名为开善寺。后明代朱元璋为修陵墓，将寺移至此，并赐名灵谷禅寺，书写“天下第一禅林”的匾额悬于寺门。当初主殿的无梁殿远近闻名，寺内养僧千余名，下辖12座佛寺，成为我国东南第一巨刹，盛极一时。乾隆、康熙南巡时，都曾到此寺做诗题词。

灵谷寺无梁殿原名无量殿，因供奉无量佛而得名。该殿建成于明初，坐北朝南，前设月台，东西阔五间、长53.8米，南北深三间、宽37.85米，殿顶高22米。该殿是砖砌拱券结构，东西向并列三个拱券，中间的拱券跨度达11.5米，净高14米，两侧的拱券稍小，跨5米，高7.4米。该殿前后檐墙各设三道门，前檐墙拱门两边各有一窗，两侧墙各设四窗，门窗也采用拱券形式。前后檐墙厚约4米，结构十分坚固。该殿为重檐歇山顶，上铺灰色琉璃瓦。殿顶正脊中部有三个白色琉璃喇嘛塔，正中最大的琉璃塔的塔座是空心八角形，与殿内藻井顶部相通，可向殿内漏光，这种设计在中国现存的古建筑中非常罕见。据资料记载，造无木之殿，工匠采用造拱桥方法，先砌五个桥洞，合缝后再连叠成一个大型拱圆殿顶，所以特别坚固，至今已有600多年历史，历经沧桑，仍完好无损。无量殿不怕火烧，因为此殿整座建筑全用砖石砌成，无梁无椽，所以称无梁殿。我国现存的多座无梁殿，以灵谷寺的无梁殿气势最雄伟，是我国古代砖石建筑的杰作，也是全国各地寺庙同类结构无梁殿中规模最大的一座。

咸丰年间，灵谷寺一带是清军江南大营，寺内建筑大多毁于清军与太平军的战火，仅这座全砖结构的无梁殿幸存。民国二十一年(1931 年)，国民政府将无梁殿改建为国民革命军阵亡将士公墓的祭堂，命名为“正气堂”。无梁殿内四周墙壁上嵌有“国民革命军阵亡将士题名碑”110 块，铭刻了 33224 位阵亡将士姓名。无梁殿南面设有公墓的大门和牌坊，北面依次设墓园、纪念馆(现为松风阁)和纪念塔(现为灵谷塔)。1981 年南京市人民政府对无梁殿进行了整修。

中国近代第一陵

中山陵是中国伟大的政治家和革命先行者孙中山先生(1866—1925)的陵墓及其附属纪念建筑群。位于南京市东郊紫金山南麓，西邻明孝陵，东毗灵谷寺，前临苍茫平川，后踞巍峨碧嶂，气象壮丽。

1925 年 3 月 12 日，孙中山在北京逝世，遗体停放于北京香山碧云寺石塔之中。中山陵 1926 年 1 月动工兴建，至 1929 年主体建成，1929 年 5 月 28 日，孙中山先生灵柩由北京运抵江苏南京。三天公祭结束后，6 月 1 日举行了隆重的奉安大典(安葬仪式)。

1931 年中山陵全陵工程竣工，面积共 8 万余平方米，是中国近代占地面积最大的陵园。主要建筑由牌坊、墓道、陵门、石阶、碑亭、祭堂和墓室等组成。它的设计采取国际招标形式，最终由中国青年设计师吕彦直中标。陵园平面呈警钟型，寓意为“警钟长鸣，唤醒世人”。陵墓建筑全部覆盖蓝色琉璃瓦，牌坊、陵门、碑亭、祭堂和墓室建筑在一条中轴线上，以宽阔的花岗石台阶连接，紧凑完整，蔚为壮观，体现了中国传统建筑的风格。陵墓入口处有高大的花岗石牌坊，上有孙中山先生手书的“博爱”两个金字。从牌坊开始上达祭堂，共有石阶 329 级，8 个平台。陵寝正前方是一座形如折扇的陵前广场，经博爱坊进入长达 375 米、宽 40 米的墓道，墓道的尽头是气势雄伟的陵门，以青色琉璃瓦为顶，上刻有孙中山先生题写的“天下为公”四字。青色象征苍天，青色琉璃瓦乃含天下为公之意。碑亭内石碑正面刻有原国民政府主席谭延闿手书的“中国国民党葬总理孙先生于此”。处在山顶最高峰的祭堂，有三个拱门，上书孙中山先生所创导的三民主义“民族”、“民权”、“民生”。祭堂东西护壁大理石刻有孙中山先生手书的遗著《建国大纲》和胡汉民等人书写的《总理遗嘱》，穹顶上绘有巨幅国民党党徽。祭堂正中是高 4.6 米的孙中山坐姿雕像，逼真生动，是世界著名雕刻家保罗·朗特斯基的杰作。墓室里安放着孙中山卧式雕像，在卧像下 5 米左右处安放了从意大利定购的紫铜棺，孙中山长眠于紫铜棺内。中山陵周边还有一系列纪念性建筑，如音乐台、光化亭、流徽榭、仰止亭、藏经楼、行健亭、永丰社、美龄宫、中山书院等建筑，构成中山陵景区的主要景观。

中山陵结合山峦地势，突出天然屏障，以大片绿茵、宽阔石阶把孤立的小建筑连成整体。苍松翠柏，漫山碧绿，既有时代气息，又蕴民族风格，既有深刻的含意，又有宏伟的气势，是中国近代大型群体建筑的杰作，被誉为“中国近代建筑史上的第一陵”。

中国最高的佛塔

常州天宁寺始建于唐朝永徽年间，初名广福寺，北宋政和元年(1111年)，改为天宁寺，距今已有1300多年历史，天宁寺的开山祖师是法融禅师，乾隆曾三次到常州天宁寺拈香，并为寺题“龙城象教”匾额和楹联。这里终日香火鼎盛，游客如云，现为全国重点保护寺院和江苏省文物保护单位，因其殿大、佛大、钟大、鼓大、宝鼎大，被誉为“东南第一丛林”。天宁寺梵呗在汉传佛教音乐中具有崇高地位，是珍贵的非物质文化遗产。

天宁寺在宋朝时曾有佛塔，后毁于战乱。千年古刹天宁禅寺于近年复建唐宋风格的佛塔，取名“天宁宝塔”，以祝颂天下安宁。宝塔由中国著名宝塔设计大师路秉杰教授设计，共有13层，建筑总面积为27000平方米。在外形上，宝塔采用唐宋古塔风格，八角飞檐，形态端庄，气势宏伟，透出一股庄严之气。总高达153.79米，为迄今中华佛塔之最。由6500吨钢材撑起的塔身骨架，经精密测量，塔顶与底部的垂直度误差不足一厘米，为此而获得了2004年国家钢结构协会颁布的“金钢奖”。天宁宝塔的大柱、大梁、飞檐、吊顶、栏杆、门槛等均由楠木制成。其承载的1000吨铜饰中，最眩目的就是塔顶那座金刚宝座型的塔刹，由75吨黄铜浇铸而成，出色工艺使整座塔刹浑然一体。塔林有2000多尊汉白玉小宝塔，整块汉白玉的护栏镌刻经文。宝塔首次使用刻上如“龙城象教”等佛教吉祥语的青铜铭文瓦。塔身外饰5万块镌佛玉石，塔内每层置铜匾，飞檐翘角置风铃……整座宝塔壮观，厚重，清新，典雅。此外，该塔一层的大佛殿，殿顶有一块高3米，长72米的景泰蓝观音三十二应身壁画，是全国最大的景泰蓝工艺品。

建成后的天宁宝塔开创了八项第一：它是全国第一金顶玉身塔；第一次在宝塔上采用青铜铭文瓦；建立了规模最大的佛教经文碑林；宝塔顶端118米高处悬挂了一口高3.2米、重15吨的高度第一的铜钟，每逢节日或盛典，钟声响起，生智慧，增福泽，礼赞太平盛世，祝颂国泰民安；这里有第一地宫群，拥有8明8暗16个地宫，地宫珍藏有舍利、经文典籍、佛足、唐卡、唐朝石佛等稀世珍宝；还有第一五百罗汉浮雕；第一塔林，即在宝塔塔基的7层围栏上，由2000多座汉白玉雕刻的玉塔环绕；整座宝塔以其153.79米的高度成为当之无愧的全国最高佛塔。

中国最早的识字课本

公元六世纪初，南朝梁武帝时期（502—549 年），文学侍从员外散骑侍郎周兴嗣奉皇命从王羲之书法中选取 1000 个字，编纂成文，在建业（今南京）刻印问世《千字文》。周兴嗣撰有《皇帝实录》、《皇德记》、《起居注》、《职仪》等专著百余卷，文集十卷传世。但流传最广、最久远的，则是《千字文》。

《千字文》以儒学理论为纲，穿插诸多常识，用四字韵语写出，精思巧构，知识丰赡，语句平白如话，易诵易记，很适于儿童诵读，后来就成了中国古代教育史上最早、最成功的启蒙教材。比唐代出现的《百家姓》和宋代编写的《三字经》还早。宋明以后直至清末，《千字文》与《三字经》、《百家姓》一起，构成了中国最基础的“三、百、千”启蒙读物。不仅汉民族用作儿童启蒙教材，一些兄弟民族也使用，甚至传到了日本、朝鲜。

《千字文》乃四言长诗，首尾连贯，音韵谐美。以“天地玄黄，宇宙洪荒”开头，“谓语助者，焉哉乎也”结尾。全文共 250 句，每四字一句，字不重复，句句押韵，前后贯通，内容有条不紊的介绍了天文、自然、修身养性、人伦道德、地理、历史、农耕、祭祀、园艺、饮食起居等各个方面，而且对仗工整，条理清晰，文采斐然，令人称绝。同时，《千字文》在中国文化史上也有着独特地位，是历代各流派书法家进行书法创作的重要载体。隋唐以后，凡著名书法家均有不同书体的《千字文》作品传世。《千字文》不仅各地蒙馆塾师用作儿童课本，亦为社会上诸多行业所采用，如考场试卷编号，商人帐册编号，大部头书籍编号之类皆以《千字文》字序为序。

《千字文》问世 1400 多年来一直流传表明，它既是一部传播广泛的童蒙读物，也是中国传统文化的一个组成部分，《千字文》在中国古代的童蒙读物中，是一篇承上启下的文学作品。它那优美的文笔，华丽的辞藻，使得众多童蒙读物都无法望其项背。

中国最小的书籍

在英国著名的拍卖行佳士得2006年3月16日拍卖的一批古书中，包括几本极其珍贵的袖珍书，其中最小的一本便是世界存世的最小的书。这本世界最小的书籍尚不及成人食指的第一节大。该书名为《主祷文》，1897年在意大利出版，只有18毫米长，这本书尽管小得可怜，但里面包括了德文、西班牙文、法文、荷兰文和瑞典文的《主祷文》祷词。

那么，中国存世最小的书是什么样的呢？

前些年，在南京发现过一本全国最袖珍古书，尺寸为8厘米宽，10厘米长。2009年1月，在江苏泰州市，一本更小的书出现了——泰州陈先生展示了其珍藏多年的两本袖珍书，这两本书都比南京的袖珍书小，最小那本名为《礼经》，比南京发现的袖珍书小了一半多，露面时被称为"迄今为止发现的我国存世的最小的书籍"。

陈先生爱好收藏，尤其喜欢古书，这两本书是他多年前在安徽农村意外"淘"来的，一直当成宝贝珍藏。这两本中国最小的书，大一点的名为《四书备旨》，宽5厘米，长8.5厘米，书中包括《大学》、《中庸》、《论语》、《孟子》在内的儒家最经典的"四书"；小一点的名为《礼经》(即《礼记》)，只有宽4.5厘米，长5.5厘米，是儒家经典"五经"之一。所谓"五经"包括《诗经》、《尚书》、《礼记》、《易经》、《春秋》共计五部著作。

采访陈先生的《泰州日报》记者杨丽试图辨认这两本书上细如

发丝的字迹，但感觉是“让人看得非常吃力”，“不一会儿就觉得眼睛发酸发胀”。

泰州市博物馆考古部的一位专家在研究这两本小书后肯定地表示，这两本袖珍书与南京发现的那本小书的性质是一样的，都是古时参加科举考试的考生作弊所用的，仅仅只有两指宽，可以在进入考场之前把它们藏在鞋后跟内，也可以扎在头发里带入考场。

古代科举考试的考场与今天考试的考场不同，一般都是一个人一个小房间，吃喝拉撒在里面好几天。所以，只要你能把书带进来，就基本万事大吉了。

这些小书的发现证明，古代学子和今天的学子一样，有一部分人为了考出好成绩，将聪明用在了作弊之上。在陈先生的珍藏的小书的内页还发现了“舟车便览，勿带入场”的字样。考古专家认为，该提示分明就是“此地无银三百两”，因为这么小字的书，在“舟车”上是根本无法阅读的。这是印制该书的商人玩的一种伎俩，以免官府兴师问罪。

但是，存于泰州的《礼经》并不是我国存世最小的书。江苏徐州圣旨博物馆收藏了一本更小的《四书五经》，这本《四书五经》宽 3.4 厘米，长 5 厘米，比泰州的那本最小的书还要小许多。因此，存于徐州的这本书可谓目前发现的我国最小的书。据徐州圣旨博物馆称，他们收藏的这本《四书五经》每个字的大小只有 1 毫米见方，总字数近 20 万。

中国颁行的第一部宪法

武昌起义后，1912 年 1 月 1 日，孙中山在南京宣誓就职临时大总统，定国号为中华民国，亚洲第一个民主共和国——中华民国正式诞生。1912 年 3 月 11 日，中华民国临时大总统孙中山在南京向全国颁布了《中华民国临时约法》（以下简称《临时约法》）。

《临时约法》是中国历史上第一部具有资产阶级共和国宪法性质的根本大法，也是中国历史上第一部颁布施行的宪法。1913 年 2 月，依据《临时约法》，中华民国举行了中国历史上第一次国会选举。

1914 年 5 月 1 日，《临时约法》因《中华民国约法》（袁世凯担任总统时制定的法律）的颁行而被取代，但 1916 年 6 月 29 日被大总统黎元洪恢复。1917 年 9 月 10 日以广东为基地建立的中华民国军政府展开护法运动，所护者即为《临时约法》。

《临时约法》计 7 章 56 条，融注着中国资产阶级民主共和国理想的全部内容。其中贯穿着两条主线：第一是确立人民主权的政治原则（“主权属于国民全体”）；第二是确立三权分立性质的政治结构。前者属国体问题，即权力的归属问题；后者属政体问题，即权力的执行问题。二者是政治制度的两大中心环节。作为中国历史上第一部资产阶级共和国宪法，《临时约法》在中国宪政史上具有划时代意义，是中国政治民主化进程中一座光辉的里程碑。它体现了资产阶级的意志，代表了资产阶级的利益，具有革命性和民主性。

《临时约法》尽管未能提出反帝的革命任务，也没有提出一个完整的从经济基础到上层建筑的反封建纲领。但其精髓在于通过立法程序，确立了资产阶级共和国的国家政治制度和政权的组织形式.以及人民的民主权利。其实践意义在于在中国第一次开创了以法治国的先河；其思想启蒙的意义在于促进人民的觉醒，鼓舞人民起来为维护自己的权利而斗争；其推动中国社会发展的意义在于使民主共和观念深入人心，为以后民主革命进一步发展提供了条件，推动了中国宪政运动及政治民主化的进程。

参照《日本帝国宪法》，清政府在 1908 年 8 月 27 日颁布的《钦定宪法大纲》是中国历史上第一部具有宪法意义的法律文件，确立了君主立宪制政体，但它只是尚待制定的宪法的“大纲”，且未施行（在颁布《钦定宪法大纲》的当日，清廷晓谕：臣民在宪法未颁之前，“悉遵现行制度，静候朝廷依次筹办”）。清廷的宪法三年后也未颁布，革命党人举行武昌起义，继而推翻了中国历史上最后一个封建王朝。

中国第一个举办国际博览会的城市

在一家收藏网站上，一个晚清的银盘正在拍卖中。这个盘子底部镌刻着一排文字："金牌为记南洋劝业会褒奖农工商部颁给浙瓯瑞安吴恒吉足点"。

这个盘子记录了一个重要的历史事实：1910年在南京，中国举行了有史以来的第一次国际博览会——南洋劝业会，规模宏大，盛况空前，全国22个行省和14个国家参加了展览。

晚清的中国遭受了列强欺辱，许多有识之士欲发愤图强，学夷之长技以求复兴，一些官员和商人纷纷前往外国考察，举办博览会就是从国外取经所得。

1908年(清光绪三十四年)，两江总督、南洋通商大臣端方考察欧洲宪政归来赴任，与江苏巡抚陈启泰联衔上奏，拟在南京举办南洋劝业会，其主旨为：一、振兴全国工商业；二、建造南京市面；三、补助社会教育。因南洋侨商与南洋通商大臣操办，遂冠名南洋劝业会。

1909年(宣统元年)7月13日，清廷正式下旨开办南洋劝业会，并拨白银70万两作为办会经费，由新任两江总督兼南洋大臣张人骏担任南洋劝业会会长。缺资由虞洽卿(时为上海总商会会长)、秦寅(南京商会会长)等民资筹措，虞洽卿因此担任了南洋劝业会副会长。而在清廷正式批准之前，1909年2月，状元出身的江苏南通大实业家张謇即在江宁成立劝业事务所。待清廷正式同意举办之后，各省协赞会、物产会、出品会，精选之展品送至江宁，由张謇担任审查长的劝业会，对展品进行审查。

1910 年(宣统二年)2 月 13 日，位于南京城北丁家桥一带的南洋劝业会会场正式竣工。据丁安祥先生研究，会场占地近千亩，以今南京湖南路北沿的丁家桥至青石村为中轴线(南至童家巷路口，北至紫竹林，长 9 市里)，向东西各延伸 1 市里，围成一个椭圆形场地，现在的东南大学医学院、中国药科大学、南京工业大学等单位均在此范围。当时宁省铁路(俗称小火车，系国内最早建的城市轨道交通)在劝业会正门设丁家桥站，以便利交通。除展馆建设，配套设施十分周全，诸如戏园、餐馆、茶社、照相馆、球场、跑马场、动物园、植物园，以及劝业银行、电报所、邮政局、临时警局、华侨开办的爪哇(印尼)电影公司等应有尽有。

1910 年 6 月 5 日(宣统二年四月二十八日)，南洋劝业会在南京隆重开幕，各国领事、各省官员、中外客商等云集，轰动海内外。

南洋劝业会规模宏大，共设 34 个展览馆区，分为专业馆、分省馆两大类。东三省、直隶、山陕、湖北、湖南、四川、河南、云贵、山东、浙江、福建等 22 个行省设有陈列馆；而以东道主所在地的两江馆为最大，设有工艺、农业、机械、通运、教育、卫生、美术、武备等分馆。专门馆则有：湖南的瓷业、博山的玻璃、南京的江宁缎业 3 个实业馆；上海的江南制造局兰锜馆(兰锜，即兵器架，此为江南制造局武器产品陈列馆)，广东的教育出品馆，江浙渔业公司水产馆等特别馆。

此外，劝业会还设暨南馆和两个参考馆，暨南馆专门陈列新加坡、爪哇、泗水一带南洋侨商的展品，第一参考馆展出美国、德国的产品，第二参考馆则展出英国和日本的产品。

由于首次举办，种种条件限制，边远省区的甘肃、青海、新疆、西藏、广西等未能参加。而当时中国的现代工业刚刚起步，因此国产机电设备类展品数量较少，农、矿、水产、皮毛、中草药材，以及瓷器、漆器、银器、玉雕、刺绣等传统手工业产业产品则十分丰富。工业产品，尤其南洋各埠产品、外国参考馆展品，如纺织、皮箱、玻璃、水泥、碾米机、水泵，乃至车床、钻床等机器，令观者称奇而留连忘返。

1910 年 11 月 29 日，南洋劝业会圆满落幕。会展持续半年之久，观者达 30 余万之众，参展商品达百万件以上，各类产品交易额达数千万银元。以南京著名学者李瑞清为首的南洋劝业会研究会组织 700 余名专家对展品的质量进行了鉴定，在 440 类、近百万件展品中评出优质产品 5269 件，其中一等奖 66 件，二等奖 214 件，三等奖 428 件，余为褒奖，分别授予金、银奖章和奖状。这次评出的优秀产品，代表中国参加了1915年在美国旧金山举办的巴拿马万国博览会，提升了我国的影响。

有文字记录的观众包括鲁迅先生和茅盾先生。时在家乡绍兴府中学堂教书的鲁迅先生闻讯十分振奋，鲁迅曾在南京上学，认为机遇难得，倡议学校组织学生参观，并率领二百余学生千里迢迢赶来南京留驻了一个星期，师生们方才尽兴而归。在浙江湖州中学读书的茅盾，也参观了南京的南洋劝业会。后来茅盾在《我与湖州中学》一文中细述了这次参观的经历，并感叹"这才知道，我国地大物博，发展工业前途无限。"

南洋劝业会借鉴了美国圣路易斯万国博览会、比利时博览会、意大利米兰博览会的成果，这是中国历史上第一次以官方名义主办的国际性博览会，对中国近代工业的发展起到了积极作用，更使当时追求近代文明的中国人大开眼界。

近一个世纪之后，中国成功举办了上海世博会。

中国唯一的国家海盐博物馆

在江苏盐城，有一座主题为海盐的博物馆——中国海盐博物馆。这是国务院批准建立的全国唯一的国家级海盐博物馆。自古以来，盐城就与海盐发生了牢不可破的关系，甚至有人说："海盐文化始终是盐城文化的主体、精髓，已成为这座城市的文化之根。"

参观这个博物馆，你会知道中国有关盐的大部分历史。谁到知道人不吃盐不行，其实，历史不书写盐，也不成其为历史。

管仲为相后，齐国开始实行盐业官营制度，实施专卖，直至今天，盐依然是官营的。管仲的盐业官营制度，是允许百姓在秋冬农闲季节煮海水为盐，但不许私自贩卖销售，而只能由国家统购统销。每年正月，国家收购煮好的海盐，并按在国家登记了的需盐的人口记录发售。同时，齐国还向不产盐的内陆国家梁、赵、宋、卫等国销售。实行官盐制度的好处毋庸置疑，管仲当时不仅对盐实行了国家专卖，同时还对金属实行了国家专卖，所谓"盐铁官营"。得到的历史评价是："它使齐国迅速致富，成就为春秋时期的第一个霸主。"

中国海盐博物馆会让你明白这些历史：

盐城春秋时属吴，后属越。战国时属楚，从未归属过齐国，但离齐国的疆界并不很远。所以，齐国人会的事，盐城人早晚也得会。到了秦代，盐城一带归东海郡管辖，史书上记载，此时盐城人民"已兴煮盐铸铁之利"。盐城一带真正有了"盐"的名号是在元狩四年，汉武帝在这里建盐渎县，这是盐城置县的开端，渎这个字有好几种意思，但只有“大河”这个意思符合汉武帝起名字的本意。东晋义熙七年，改名盐城！盐渎也好，盐城也好，都说明这个地方煮出的盐多啊！

在盐城的串场河东侧有许多河道连通海涂上的座座盐场和片片盐田，人称“盐河”。随着明清时期盐业政策的变化，许多盐商来到晒盐的海涂、煮盐的灶旁，组织生产、运输，在盐河上忙碌不已。每逢收盐季节，密布海滩上的盐河王道，一艘艘盐船满载海盐经串场河运抵扬州，进而行销全国各地。

在中国海盐博物馆，你可以闻到煮盐的味道，看到一艘艘运盐的海船似乎正在向你驶来。

中国海盐博物馆总投资1.9亿元，建筑面积1.8万平方米，2007年10月8日正式破土动工，2008年11月18日建成并对外开放。

中国海盐博物馆系统反映了我国海盐发展史，展示介绍海盐文化的研究成果，收藏陈列我国海盐历史的文物和资料。博物馆采用蜡像、雕塑、沙盘等演示手法，展现古代“炼卤煎盐”、“晒海为盐”等海盐生产和盐民生活的多层文化场景。

中国最大的佛教图书馆

2009 年开放的鉴真图书馆是全国最大的佛教图书馆，该馆与扬州大明寺毗邻，鉴真路东首，占地 100 亩，建筑面积 16000 余平方米。图书馆主体是四坡顶主殿，厢房围其四周，为仿唐式四合院，十分端正和壮观。

图书馆以汉传佛教的教史、教理、传记、礼制丛书等为馆藏特色，同时向读者提供文艺、语言学等学术著作以及重点社科期刊。馆内藏有许多珍贵书籍，包括 22 种版本的《大藏经》和钦定文渊阁版线装《四库全书》、《中国贝叶经全集》等。

社会各界向鉴真图书馆捐献了大量书籍，台湾佛光山捐赠 5 万册佛教类典籍，江苏凤凰出版集团捐赠了其出版的万册图书，加拿大华人、扬州籍清史研究专家陈捷先先生将自己一生苦心收藏的 2000 册清史类书籍包括《清实录》（全套）和《清代起居注册》（全套）等珍贵文献一起捐赠出来。

除了《大藏经》那类“严肃的”佛教书籍，青少年也能在这里找到“轻松的”读物，如小说版和漫画版的《鉴真大师传》。

鉴真图书馆的建立源起 2003 年 10 月，台湾佛光山星云大师应邀出席鉴真东渡日本 1250 周年纪念活动，他决心捐建鉴真图书馆。得到了国家宗教局和江苏省宗教局及扬州市的响应和支持。

鉴真图书馆设有书库和远程教学中心、200 人的阅览室等，以及可容纳千人、声光设备齐全的“扬州讲坛”报告厅。

“扬州讲坛”是鉴真图书馆最为引人关注的一个内容，宗旨是弘扬中国文化，主讲者多是星云大师亲自邀请的名家，讲座水平超过了大多数省级图书馆。从2010年3月20日星云大师以《我如何走向世界》为题的第一期讲座开始，于丹、吴建民、吴伯雄、凌峰、纪连海、莫砺锋、毕淑敏、唐家璇、杨澜、周立波、蔡志忠等，都在这里进行了演讲。

讲座只需电话登记订票，免费向市民开放。另外，图书馆所设美术馆，也会举办如“佛教艺术瓷器展”的一些展览。

中国第一家动漫博物馆

2009年9月底，由江苏徐州市泉山区和徐州市文化局、台湾诚美堂动漫公司合作建设的徐州动漫博物馆开门纳客，赢得了青少年尤其是动漫爱好者的喜爱。这是国内首家，也一度是亚洲最大的动漫博物馆。

徐州动漫博物馆面积有3300平米，原建筑是徐州图书馆的第一和第二层。有喜羊羊、灰太狼、奥特曼等中外各类动漫人偶玩具18万件，动漫藏书50万册，几乎所有的世界著名动漫角色都可以在馆内找到，令动漫爱好者流连往返。馆内分成四个区域，有展示厅，有动漫小剧场、漫画图书馆和体验中心，突破以展出展示为主的功能模式，集动漫产品研发、设计、制作、展示和推广，动漫图书展示阅读，衍生产品的开发交易为一体的动漫示范科普文化基地。徐州动漫博物馆不仅仅是个动漫爱好者的乐园，也是一个非常好的动漫资料库，可以让动漫从业者从中了解世界动漫之博大，亲历其奥妙。动漫博物馆是徐州动漫产业的一部分，它的建成也促进了徐州乃至中国动漫产业的发展。在动漫博物馆建立之时，徐州的动漫制作公司只有8家，到2011年已经拥有百吉堂、皮克斯等42家。

在徐州动漫博物馆开业十个月之后，面积超过徐州动漫博物馆一倍多的上海动漫博物馆才开业，2012年正在杭州建设的中国动漫博物馆规模更加宏伟。但是，中国第一家动漫博物馆的名头，永远落在了江苏徐州人的头上，无法褫夺。

我国第一部慈善法规

乐善好施是许多江苏人推崇的品格。2010 年 1 月 21 日，江苏省第十一届人民代表大会常务委员会第十三次会议审议通过了《江苏省慈善事业促进条例》，并于 2010 年 5 月 1 日正式实施。这是全国第一部促进慈善事业发展的专门性法规。

《江苏省慈善事业促进条例》共八章六十条，主要从慈善活动的定义、对慈善组织和慈善募捐的规范、对慈善事业的扶持和奖励等方面作了较为明确的规定。主要内容包括：无资格公民和组织不得向公众募捐；民政部门对慈善组织进行 1A 到 5A 等级评定；在应对突发公共事件时，政府可将若干慈善组织纳入应急响应体系，委托其承办直接面向公众的定向募捐活动；除了捐赠人要求保密或涉及隐私的情形外，慈善组织应当完整披露信息，确保有效监督。

条例通过救助年度计划和支出比例、项目管理、被救助人隐私保护等方面的规定对慈善救助进行了规范，条例还明确了全社会在推进慈善文化建设中的责任，设立了江苏慈善周（每年十一月第一周），并对擅自改变募捐财产用途、未经许可擅自开展慈善募捐、假借慈善名义骗取钱财等违法行为设定了相应的法律责任。

条例在全面系统总结江苏慈善事业发展成功经验的基础上，重点规范了慈善活动中存在的诸如慈善组织的信息不够透明、慈善募捐秩序比较混乱等突出问题，从而为全省慈善事业的健康快速发展提供了法律支撑。条例的出台，不仅有利于促进地方慈善事业的发展，也为国家相关立法提供了实践探索。

最早引进进化论著作的国人

是他，在中国第一个引进了进化论著作；是他，第一个引进了概率学；是他，与徐寿父子等人一起制造了我国第一台蒸汽机、第一艘机动船。

他就是华蘅芳，清末数学家、翻译家和教育家，我国近代科学的先驱者之一。

华蘅芳，字若汀，生于清道光十三年(1833 年)，江苏金匮县荡口镇人(今无锡市锡山区荡口镇)。受父亲的影响，从小就热爱数学。10 岁开始，常读中国古代算经。至 20 岁，已学过《周髀算经》、《九章算术》、《孙子算经》、《张丘建算经》、《测圆海镜》以及明清以来的数学著作。青年时游学上海，与著名数学家李善兰交往，李氏向他推荐西方的代数学和微积分。他便从上海墨海书馆买回一批西方近代数学著作，悉心钻研。

咸丰九年(1859 年)秋，华蘅芳写出了他的第一部数学著作《抛物线说》，徐寿为之作图。有人认为这部著作的诞生创造两项"第一"：华蘅芳和徐寿二人完成了中国有文字记载的第一次近代科学实验。他们买来洋枪，将麻雀绑在竹竿顶上，选取不同角度、不同距离射击，来观察子弹的运行情况，终于弄清了抛物线的原理。就此，华蘅芳写下了他的第一部数学著作《抛物线说》，也是我国最早的一部几何学著作。

华蘅芳 1862 年初加入曾国藩创办的安庆军械所，后转入江南机器制造总局，用他掌握的数学和其他科学知识，促生了我国第一台蒸汽机、第一艘机动船和近代战舰。随后，他主要致力于消化和传播西方的科技知识，以加快国家的进步，为此，几乎不通英语的他与西方传教士、教师等合作——由传教士口译，他笔译，翻译了大量的西方科学著作。

1867年，他与美国友人玛高温医生合译了有关矿物学的译著《金石识别》。翌年，他又协助徐寿在制造局内创设翻译馆。1872年，他写出《开方别术》一书，被当时著名数学家李善兰推为杰作。此后，他与玛高温合译了《地学浅释》，与英国人博兰雅（上海英华学塾校长兼《上海新报》编辑）合译《防海新论》、《代数术》、《微积溯源》、《三角数理》、《代数难题解》、《决疑数学》，与金楷理合译了《御风要术》等计十二种，均由江南制造总局出版。1876年，华蘅芳助徐寿创办的上海格致书院开学，他主讲数学。他还编写出版了《开方古义》、《算法须知》、《数根术解》、《积较术》、《学算笔谈》等著作。1887年，华蘅芳主讲天津武备学堂。在此期间，他撰写了《测量法》，并与傅兰雅合译了《合数术》等书。1892年，他主讲湖北武昌两湖书院和自强学堂，写出《求乘数法》、《数根演古》、《循环小数考》、《算学琐语》等著作。

这其中，1872年出版的译著《地学浅释》（原著者英国地质学家C·莱伊尔，现译为《地质学原理》），在书中，作者指出地球的变化是古今一致的，地质作用的过程是缓慢的、渐进的。地球的过去只能通过现今的地质作用来认识。现在是了解过去的钥匙。他的这种观点被称为“均变论”。《地学浅释》是我国介绍进化论的第一部著作，比严复翻译出版的《天演论》还早十多年。而1880年出版的译著《决疑数学》首次把西方概率论著作传入我国。该书原著者是英国人T·加罗威和R·安德生。关于“Probalitity”这个词，华蘅芳译为“决疑”，后来又有人译为“或然率”、“可能率”、“适遇”、“机率”等。1964年。《数学名词》（补编）统一确定用“概率”。今天，概率论在我国已有相当程度的普及，用概率论解决国民经济和社会发展问题的硕果累累。

我国近代科学的先驱者们总是在各个领域身先士卒，勇于探索。华蘅芳还涉足化学工业。江南制造总局的龙华火药厂，为配制火药每年需花费大量白银进口“镪水”（即硝酸）。华蘅芳决心自制“镪水”，经多次试验，终于主持制成了合格的产品，成本仅为进口价的1/3，打破了列强的垄断。在天津讲习所看到一个德国教官对中国学生表示轻侮，认为中国人不会使用氢气球更妄谈制造后，华蘅芳设计了中国第一个氢气球，并使它飞上蓝天。

1898年华蘅芳回到家乡，在无锡竢实学堂任教，传授数学等科学知识，直至1902年逝世。他一生从不讲究享受，“敝衣粗食，穷极终身”，尽管属四品官衔，但淡泊名利，“未尝求禄仕进”。

现存最大的秀才考场

在江苏泰州城区有一座颇具规模的古建筑群，这就是中国现存的规模最大的院试试院遗址——泰州学政试院。此处原为南唐永宁宫旧址，明为督察院，清康熙年间改建为“学政试院”。在清康熙至光绪年间，一直是扬州府所属江都、甘泉、仪征、宝应、高邮、兴化、泰州、东台等八县考秀才（生员）的试场，故又称“扬郡试院”。

科举制度是为了选拔对朝廷的有用之才而设立的，自隋代起始直至1905年清政府颁布停止科举的上谕，历时1300年，对中国历史发展产生了重大影响。

科举考试在明清两代之间最为鼎盛，这两代的考试制度对应今天的说法可谓“四级考试”，从低往高，第一级为院试，由州府级（也即今天的地市级）组织，省学政（管理范围类似于现在的省教育厅厅长，但权力更广更大，相当于副省长，由皇上亲自委任，在清代全称是提督学政）主持，各县童生（也即报名应试的学生）参加，考中者为秀才（或称生员），可称为考秀才；第二级为乡试，由省组织，一般由省里重要官员主持，所在省的报名应试的秀才参加，考中者为举人，可称为考举人；第三级为会试，由礼部主持组织，报名应试的全国各省举人参加，考中者为贡士；第四级是殿试，由皇上亲自主持，应试者为贡士。贡士在殿试中考得好坏均不落榜，只是由皇帝重新安排名次（第一名称状元，二名榜眼，三名探花），所有参加殿试的考生均为进士。也就是说，会试的结果产生的也是进士。

院试、乡试、会试和殿试，都是三年一次，前三个考试分别产生秀才、举人、进士，殿试则产生状元。在这“四级考试”中，院试是最基本的考试，也就是“资格考试”、“入学考试”，考中秀才的人才有资格进入府、州、县学学习，并参加后面的科举考试。

据泰州市博物馆馆长汪维寅研究，清道光年间编纂的《泰州志》记载，泰州学政试院是一处规模宏大的建筑群，大门前有照壁，东西辕门，东西吹鼓亭，围合成一个广场。从大门开始，依次沿中轴线排列六进建筑，大门五间、仪门五间、大堂五间、二堂（思补堂）五间、内正门五间、正房五间（原为楼房，毁于火灾，嘉庆年间改建为平房），此外还有东西楼、巡房、福神祠、幕舍、厨舍、其他辅助用房等等，仪门和大堂之间的院子两侧还有考棚。现在遗存的古建筑尚有大门和思补堂两进房屋。大门梁架保存有清代重修的彩绘图案，斗拱精巧，彩绘华丽。思补堂是二堂，体量宏阔，高屋建瓴，气势非凡。如今家喻户晓的名臣刘墉，两任江苏学政，先后四次到泰州学政试院主持考试。

2005 年泰州政府对学政试院开始进行修缮与复建，复建工程以《续纂泰州志》上的“扬郡试院图”为蓝本，恢复了吹鼓亭、仪门、考号、大堂、上房、东西楼等建筑。2008 年 8 月 1 日泰州学政试院正式向公众开放。泰州学政试院修复后的建筑面积为 3550 平方米，通过集中展示中国科举制度的历史资料图片和实物，再现了当年考秀才的场景。

史上最大的科举考场

江南贡院，又称南京贡院、建康贡院，是我国古代最大的科举考场。位于南京城南秦淮河边，毗邻夫子庙。

明清两代，江南贡院曾经占地约三十万平方米，东起姚家巷，西至贡院西街，南临秦淮河，北抵建康路，为夫子庙地区主要建筑群之一，秦淮河畔也因贡院、夫子庙的存在而一度繁荣起来。清代的江南贡院最为兴盛，科考共举行 112 科，其中在江南贡院乡试中举后经殿试考中状元者，江苏籍 49 名、安徽籍 9 名，共计 58 名，占全国状元总数的 51.78%。

江南贡院由知府史正志创办于公元 1168 年（南宋孝宗乾道四年），起初为县府学考试场所。占地不大，应考人数亦不多。若遇考生增多时，则借用僧寺举行考试。

公元 1368 年，明太祖朱元璋定都南京后，集乡试、会试于南京的江南贡院举行，规模始居全国第一。

公元 1421 年（明成祖永乐十九年），朱棣迁都于北京，但南京仍为留都。因江南地区人文荟萃，参考士子日益增多，原有考场便越来越显得狭小。永乐皇帝便没收臣犯臣纪纲的府邸，又取怀来卫指挥陈彬家人陈通，忠勇伯家人侯清等人的房舍以及府尹黄公永元祠、秦桧之子贝喜祠等改建“江南贡院”。

明、清两代，江南贡院不断扩建，江南贡院形成一座拥有考试号舍二万零六百四十四间（考试时，考生每人一间），另有主考、监临、监试、巡察以及同考、提调执事等官员的官房千余间，再加上膳食、仓库、杂役、禁卫等用房，更有水池、花园、桥梁、通道、岗楼的用地，规模之大，占地之广，房舍之多令全国其他考场只能望其项背。

清代初期，南京为江南省首府，故贡院一直沿用“江南贡院”之名，清光绪年间，科举制度废止，江南贡院遂空废。民国八年(1919 年)，政府将其拆除，辟为市场，遂成为南京夫子庙的闹市区。今天的江南贡院，尚存东西号舍八排四十间、明远楼和二十余块明清碑刻等属于江南贡院的珍贵文物及宝贵史料。明清时期的明远楼高三层，四面有窗，用今天的话来说，就犹如瞭望塔，考官居高临下，昼夜值班监视，以防考生私自走动及执役人等代为传递试卷书籍等舞弊行为。

进出江南贡院的有不少历史上的“大人物”，林则徐、李鸿章、曾国藩等都曾经在这里做过考官；唐伯虎、郑板桥、方苞、翁同和、张謇等人，曾在此高中举人；大文学家吴承恩、吴敬梓和中国共产党第一任总书记陈独秀等人，也曾在此参加考试但名落孙山。

江南乡试多于秋季举行，所以又叫“秋闱”。每次“秋闱”要考试三场，每场三昼夜。炊煮茶饭完全由考生自理，除了上厕所，考生要连续在小小的“号子里”(号舍内宽三尺，长四尺，伸手可及屋檐)呆上三天三夜。自己做饭对大多数秀才们来说肯定比考试还难，陈独秀在考试后写道：“那一年南京的天气，到了八月中旬还是奇热，大家都把带来的油布挂起遮住太阳光，号门都紧对着高墙，中间是只能容一个半人来往的一条长巷，上面露着一线天，大家挂上油布之后，连这一线天也一线不露了，空气简直不通，每人都在对面墙上挂起烧饭的锅炉，大家烧起饭来，再加上赤日当空，那条长巷便成了火巷。煮饭做菜，我一窍不通，三场九天，总是吃那半生不熟或者烂熟或煨成的挂面。”

不过，要是有烟瘾倒不必着急，江南贡院的“号子里”允许抽烟，这是今天高考学生所享受不到的待遇。而一些作弊的秀才，会将资料藏在水烟袋里偷偷带进考场！

史上独一无二的『百戏之祖』

昆曲是我国传统戏曲中最古老的剧种之一，也是我国传统文化艺术，特别是戏曲艺术中的珍品，被称为“百戏之祖，百戏之师”。昆剧是明朝中叶至清代中叶戏曲中影响最大的声腔剧种，它唱腔华丽、念白儒雅、表演细腻、舞蹈飘逸，加上完美的舞台置景，可以说在戏曲表演的各个方面都达到了最高境界。正因如此，很多地方剧种，如晋剧、蒲剧、上党戏、湘剧、川剧、赣剧、桂剧、邕剧、越剧和广东粤剧、闽剧、婺剧、滇剧等等，都受到昆剧艺术多方面的影响和滋养，并在其基础上加以发展。昆剧是中国戏曲史上最早最具有完整表演体系的剧种，基础深厚，遗产丰富，是中国汉族文化艺术高度发展的成果，在中国文学史、戏曲史、音乐史、舞蹈史上都占有重要地位。因为昆曲长期以来变化较少，对戏曲传统特点保留较多，剧目又极为丰富，被称为我国戏曲“活化石”。2001年，联合国教科文组织将昆曲列为“人类口述和非物质遗产代表作”。

根据明代魏良辅的《南词引正》所载，昆曲发源于江苏昆山，是元朝末年顾坚所创始，原名“昆山腔”或简称“昆腔”，清代以来被称为“昆曲”，现又被称为“昆剧”，距今已有600多年的历史。昆曲与起源于浙江的海盐腔、余姚腔和起源于江西的弋阳腔，被称为明代四大声腔，同属南戏系统。昆曲的音乐属于联曲体结构，简称“曲牌体”。据不完全统计，昆曲所使用的曲牌大约有一千多种。南北曲牌的来源，不仅有古代的歌舞音乐，唐宋时代的大曲、词调，宋代的唱赚、诸宫调，还有民歌和少数民族歌曲等。它以南曲为基础，兼用北曲套数，并以“犯调”、“借宫”、“集曲”等手法进行创作。昆曲的伴奏乐器，以曲笛为主，辅以笙、箫、唢呐、三弦、琵琶等（打击乐俱备）。昆曲的表演也有其独特的体系和风格，抒情性强，动作细腻，歌唱与舞蹈的身段结合得巧妙而谐和。在语言上，昆曲也分为南曲和北曲，南昆以苏州白话为主，北昆以大都韵白和京白为主。

昆曲在长期的演出实践中，积累了大量的上演剧目。其中有影响而又经常演出的剧目有王世贞的《鸣凤记》，汤显祖的《牡丹亭》、《紫钗记》、《邯郸记》、《南柯记》，沈璟的《义侠记》等，高濂的《玉簪记》，李渔的《风筝误》，朱素臣的《十五贯》，孔尚任的《桃花扇》，洪昇的《长生殿》。另外还有一些著名的折子戏，如《游园惊梦》、《阳关》、《三醉》、《秋江》、《思凡》、《断桥》等。

世上最动人的二胡曲

世上还有比阿炳的《二泉映月》更好，更能打动人心的二胡曲吗？没有了，中国没有，中国以外的地方自然就更没有了。

享誉世界的日本指挥家小泽征尔在听过这首二胡曲之后，流着眼泪说："像这样的乐曲应该跪下来听。"

他随后还说："断肠之感这句话太合适了。"

1979 年，另一位世界级的指挥大师卡拉扬听了中央音乐学院 18 岁的女生姜建华演奏的《二泉映月》之后，用两只颤动的手紧紧抱住姜的额头，称其演奏的是世界上最感动人的音乐。

普通人对《二泉映月》的感受与音乐大师也相差无几：

"阿炳的音乐比较适合一个人静静地聆听，能够勾起对生命和生活的反思。"

"每当前奏响起，总似有涨起的湖水铺天盖般地漫了过来，使人迅速地被淹没其中……很快，哀凄婉转的胡琴便响了起来，月光下如泣如诉的曲调使人的思绪起伏激荡……"

"我想，每个有月亮的晚上，总会有那么几个人的耳边会响起《二泉映月》吧？那咿咿哑哑的胡琴声中总会有人叹息，有人落泪，只要人类的情感不灭，那琴声，那泪珠就不可能止住。"

"那是一段怎样的旋律啊：不，它不是旋律，它就是一位老人在向你娓娓诉说着他的人生悲苦和哀愁。"

“我听《二泉映月》,感觉他人生坎坷而怆然涕下的叹息,感觉他月光静水流深的倾诉,感觉他势不可挡的力量尽管是颤抖着,但毕竟滑动流泻出他对命运的抗争,和对美好未来的无限向往。”

“今晚没有月,但我放一曲《二泉映月》便有了月。于是,我便想象那个年代漫长而孤寂的黑夜,和阿炳如鸟沉沉飞过的亮弦;于是,我便在月光里数着阿炳的弦符,数着阿炳落指的痕迹……”

阿炳,原名华彦钧,1893 年 8 月 17 日出生于无锡雷尊殿旁——和山房。其父华清和为无锡城中三清殿道观雷尊殿的当家道士,擅长道教音乐。华彦钧幼丧母,由同族婶母扶养。8 岁随父在雷尊殿当小道士。开始在私塾读了 3 年书,后从父学习鼓、笛、二胡、琵琶等乐器。12 岁已能演奏多种乐器,并经常参加拜忏、诵经、奏乐等活动。他刻苦钻研,精益求精,为学习演奏《梅花三弄》曾拜师十八位,并广泛吸取民间音乐的曲调,冲破道教音乐的束缚。

1914 年,华彦钧 21 岁,继承亡父职位,成为雷尊殿的“当家道士”。后因交友不慎,沾染上嫖娼、吸毒的恶习,34 岁时双目先后失明。为谋生计,他身背琵琶、二胡,走上街头,自编自唱,说唱新闻,成为街头艺人。他在黑暗和贫困中挣扎了几十年,尝尽了人世间的辛酸。他在饥寒交迫中度日,但却人穷志不穷,面对恶势力的欺凌和淫威,他从不卑躬屈节,而总是与之抗争。40 岁时,与寡妇董彩娣同居。每天下午在无锡崇安寺三万昌茶馆门前围场演唱。他敢于切中时弊,抨击社会黑暗,用人们喜闻乐见的说唱形式吸引听众。“一二八”事变发生后,他又编唱《十九路军在上海英勇抗击敌寇》的新闻,并用二胡演奏《义勇军进行曲》。每天晚上还走街串巷,手操二胡,边走边拉,声调感人。《二泉映月》,就是这一时期创作的。1947 年,他肺病发作,卧床吐血,从此不再上街卖艺,在家以修理胡琴为业,艰难度日。

阿炳一生共创作和演出了 270 多首民间乐曲,但只保留下六首,分别是《二泉映月》、《听松》、《寒春风曲》三首二胡曲和《大浪淘沙》、《龙船》、《昭君出塞》三首琵琶曲。这六首曲子是 1950 年 9 月 2 日由中央音乐学院教授杨荫浏、曹安和两位先生找阿炳用钢丝录音机录制的。少年时期受阿炳亲手点拨二胡演奏技艺的南京师范大学教授黎松寿在他的回忆文章里说:“那天从晚上 7 点半才开始录。录音的时候,阿炳因为身体很不好,手劲也不够,琴也是临时找的,所以录音保存下来的《二泉映月》并不是效果最好的。”

黎松寿教授在回忆文章记录了他最后一次跟阿炳在一起的情况:

“阿炳的最后一次演出是 1950 年 9 月 25 日,也就是录音后的第 23 天,好像是无锡牙医协会成立大会的文艺演出。阿炳支撑着病体出门,由于他走得慢,到会场时演出都快结束了。我扶着阿炳走上舞台,坐在话筒前面。这是阿炳平生第一次面对话筒演出,也是惟一的一次。阿炳一开始是弹琵琶,后来台下有人叫着要阿炳拉二胡,我和妻子就叫阿炳注意身体,不要拉。阿炳说了一句:“我给无锡的乡亲拉琴,拉死也甘心。”接着就拉起了他不知拉了多少遍的《二泉映月》。我记得满场都是人,连窗户上也站满了人。演出结束的时候,台下掌声和叫好声不断,阿炳听见就脱下头上的帽子点头示意。”

两个多月之后——1950 年 12 月 12 日,阿炳病逝,终年 57 岁。

最杰出的京剧艺术大师

在北京有一座梅兰芳纪念馆，以纪念他生于斯长于斯；在江苏泰州，也有一座梅兰芳纪念馆，因为他是泰州人，血脉来自泰州凤凰墩鲍家坝。

1894 年 10 月 22 日，梅兰芳生于北京。祖父梅巧玲是清末著名旦角演员，是徽班进京后的重要成员，著名的四喜班班主；父梅明瑞，小生改花旦。4 岁时父亲不幸病故，梅兰芳过继给伯父梅雨田，梅雨田是京剧胡琴演奏家。

8 岁学戏，11 岁登台，20 岁成名。梅兰芳在唱腔、念白、舞蹈、音乐、服装、化妆各方面进行了独树一帜的继承与创新，世称“梅派”。在长达五十余年的演出生涯里，他完美的表演让人们对京剧艺术的无穷魅力而惊叹。新中国成立前后，他曾三次赴日本、两次去苏联、一次去美国演出，获得了世界性的赞誉，有人将他与斯坦尼斯拉夫斯基、布莱希特的表演体系并称为世界三大表演体系。

新中国成立后，梅兰芳得到了人生最高敬意，历任中国京剧院院长、中国戏曲研究院院长、中国文学艺术界联合会副主席、中国戏剧家协会副主席。1959 年，加入中国共产党，并以 65 岁高龄，排演了最后一出新戏《穆桂英挂帅》。1961 年 8 月 8 日因心脏病发作，在北京病逝。享年 67 岁。

在中国，艺术成就越高一般也意味着他的德行必然越高，梅兰芳是德艺双馨的一代楷模。梅兰芳其实很喜欢日本，日本侵华前曾两次赴日演出。但他是一位伟大的爱国主义者，抗战期间流寓上海，蓄须明志，拒绝演出，写字卖画维持戏班成员的生活。当时，有一则故事广为流传：梅兰芳举办书画展览，但开展之日，日伪派一些便衣在展出的字画上贴上“汪（精卫）主席订购”、“周（佛海）副主席订购”、“冈村宁次长官订购”……的字条，还有一些写着“送东京展览”的字条。梅兰芳夫妇目睹此景，火冒三丈，立即拿起桌上的裁纸刀，刺向一幅幅书画，将它们化为碎纸。他的爱国之举让国人肃然起敬。梅兰芳身上充满中国人的传统美德，上面的小故事说明他对同仁的“仁”，对祖国的“义”与对敌人的“勇”。

但梅兰芳嘴上一度不承认祖籍泰州，因为民国初年在北平的一些泰州籍的“大人物”不把艺人放在眼里，耻于认他为同乡，这使梅兰芳很气愤。然而梅兰芳怎能是个数典忘祖的无义之人！1928 年，上海的泰州同乡会成立，选梅兰芳为会长，梅兰芳欣然接受。在《梅兰芳舞台生活 40 年》这本书里，梅兰芳说：我的祖母告诉我，祖母的前辈曾在泰州开过一个木雕铺，里面卖木雕的人像和佛像。1956 年 3 月，梅兰芳携夫人福芝芳及儿子梅葆玖回泰州寻根问祖。3 月 9 日至 14 日，梅兰芳偕子梅葆玖在泰州献演《贵妃醉酒》、《凤还巢》、《霸王别姬》、《奇双会》、《宇宙锋》及《玉堂春》这六出七场梅派名剧（《霸王别姬》演出两场），倾情报答乡亲。

清代，“四大徽班”进京前，均在扬州泰州一带演出多时，泰州是我国当时的昆曲和日后京剧的最重要流行地区之一。徽班自 1790 年被乾隆从扬泰地区调入北京祝寿演出并在北京生根（其中包括梅兰芳父亲后来担任班主的四喜班），从而诞生了京剧。梅兰芳回乡演出传出后立即轰动泰州，乡亲们奔走相告。演出地点泰州人民剧场因为座位有限，每场除了门售两百张外，余票全部由单位购买，按名额配发；没工作单位的，则由居委会配发一些。为了买到一张梅兰芳的戏票，有人在剧场门口连等三天三夜，甚至在门口打了铺盖，家里人一早送饭过来，吃了继续等。而泰州周边的许多百姓，也不辞劳苦来到泰州，只为能一睹梅兰芳的风采。

其间，梅兰芳寻访了四代前祖辈的故居，即现在梅苑的所在地鲍坝村。

1985 年，泰州建立了梅兰芳纪念馆，并在 2011 年与北京的梅兰芳纪念馆结成了姊妹馆。

一代京剧大师梅兰芳，是泰州的骄傲，也是江苏的骄傲！

世界仅存的中世纪造船厂遗址

明代设在国都南京的宝船厂是当时世界上规模最大的造船厂，位于南京长江之畔河西地区的宝船厂遗址也是目前世界上仅存的中世纪造船厂遗址。

根据文献记载，宝船厂创建于明永乐初年，是专门为郑和下西洋所兴建的大型官办造船基地。永乐元年至三年(1403—1405)所需宝船建成，1405 年 7 月 11 日，明朝皇帝朱棣在南京下令出发，庞大的船队从南京出发至苏州太仓集结驶向大海，由此揭开了人类大航海的序幕。

宝船是供郑和船队的指挥人员、使团人员及外国使节乘座。同时，用它来装运宝物，有明朝皇帝赏赐给西洋各国的礼品、物品，也有西洋各国进贡明朝皇帝的贡品、珍品，还有郑和船队在海外通过贸易交换得来的物品，因而称为“宝船”。

郑和七下西洋首航共有宝船、战座船、战船、兵船、马船、粮船、水船等共 208 艘，船员 27800 多人，其中宝船 62 艘。郑和下西洋船队的船只数量之众多、吨位之巨大，当时世界无人能敌。据《明史》等有关文献记载：大型宝船长四十四丈，宽一十八丈，有九桅十二帆；中型船长三十七丈，宽一十五丈。依据这一尺度，最大的郑和宝船长达 125.65 米、宽达 50.94 米，甲板面积约相当于一个足球场大小，排水量近 2 万吨。遗憾的是，这些泛海巨舶终究没能留存下来，但南京宝船厂遗址以及出土的文物，给人们留下了重要的物证。

明代宝船厂位于今南京河西的中堡村一带，600 年前这一带江汉纵横、芦草连天，地势开阔，直通长江。当年宝船厂占地 1000 余亩，开作塘（造船船坞）七条，明清以来逐渐废弃。经国家文物局批准，南京市博物馆自 2003 年 8 月至 2004 年 7 月，对遗址中现存的第四、五、六作塘中的第六作塘进行了抢救性发掘。这些制造宝船的船坞，是今天南京宝船遗址公园的重要部分。

在南京宝船厂遗址，人们发现了三根 10.1 至 11.17 米的舵杆，专家认为只有 140 米左右长度的船只才能装配 11 米长的舵杆，否则船体将会遭到破坏。但关于宝船到底有多大的问题，至今有多种观点。

英国学者米尔斯推算，宝船排水量 3100 吨，可载重 2500 吨。中国学者唐志拔在他的著作《中国舰船史》中推算，宝船排水量应该达到 5000～10000 吨。而 1985 年集美航专、大连海运学院、武汉水运工程学院合作，按照造船原理和中国式木帆船营造法式将宝船复原后，核算最大宝船满载排水量约 22848 吨，取之方型系数 0.43，可载重 9824 吨。

无论如何，南京宝船厂遗址留下的船坞，郑和七下西洋的壮阔历史，都无声地向人们昭示着中世纪中国那令人惊叹的造船技术。

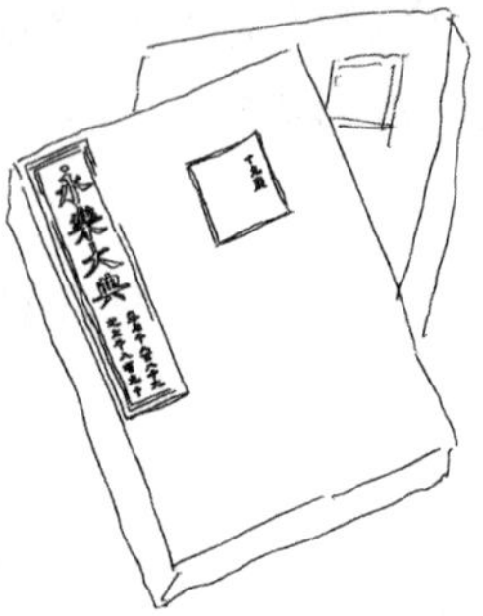

世界最大的百科全书

作为明朝第一个首都的南京，在文化上完成了一项重大工程，那就是编纂了中国和世界最大的一部百科全书——《永乐大典》。

在中国古代文化概念里，《永乐大典》是一部类书。类书是中国古代特有的工具书，是一种采辑抄录各类图书资料，按一定方法分门别类地加以整理编排，便于人们查阅的工具书，是现代概念里的百科全书式的资料汇编。

《永乐大典》是中国最大的一部类书，编撰于明永乐年间，全书22937卷，11095册，约3.7亿字。明成祖朱棣曾于永乐元年（公元1403年）为整理知识，命令翰林学士解缙等纂修一部类书，取名《文献集成》。明成祖过目后认为“所纂尚多未备”，不甚满意。永乐三年（1405年）再命姚广孝、郑赐、刘季篪、解缙等人重修，这次动用编写人员朝野上下共二千多人，启用了南京文渊阁的全部藏书，永乐五年（1407年）定稿进呈，明成祖看了十分满意，亲自为序，并命名为《永乐大典》。

《永乐大典》收集了上自先秦、下至明初的七八千种图书，包括经、史、子、集、释藏、道经、戏剧、评话、工技、农艺、医卜、文学等，上至先秦，下到明初，统会古今，包罗万象，集古今之大成。《永乐大典》收录古代重要典籍之多，历史跨度之长，在当时可以说是“包括宇宙之广大，统会古今之异同”。《永乐大典》修书过程对所收录的书籍没有做任何修改，将相关内容一句、一段或整篇、整部书地摘引抄录下来，甚至同一事物可以有不同说法全部汇编，供人参考，不分辨是否正确。全书体例“用韵以统字，用字以系事”，检索非常方便。

《永乐大典》是中国历史上最大的一部百科全书，它比西方著名的《不列颠百科全书》成书年代早了300多年。《不列颠百科全书》认为，《永乐大典》是世界最大的百科全书。

该书编成后，即珍藏在南京的文渊阁。永乐迁都后，又移至北京，深藏在故宫内的文楼（即文昭阁）里。嘉靖四十一年（1562年），明世宗朱厚熜命阁臣儒士109人摹写副本一部，从此《永乐大典》具有正副两部，分别珍藏在文渊阁和皇史宬（明清两代的皇家档案馆）两处。

然而，由于一百年前的八国联军以及二战时期的日军入侵，使《永乐大典》或被焚毁，或散落民间。现在存世的《永乐大典》副本只有400册左右，分散于8个国家和地区。北京国家图书馆目前藏量为全球的二分之一强，共221册，另有60册存台湾。

世界第一宫殿建设的总指挥

北京故宫为世界五大宫殿之首，其他四宫分别是法国凡尔赛宫、英国白金汉宫、俄国克里姆林宫和美国白宫。

故宫是明清两代皇宫——紫禁城，占地面积 724250 平方米，建筑总面积达 163000 平方米。不仅是世界现存规模最大、建筑最雄伟、保存最完整的宫殿，也是当今世界规模最大的古建筑群。

明开国皇帝太祖朱元璋定都南京之后，为保政权与边疆稳定，分封诸子为藩王，镇守各个重要地区。时年 11 岁的四子朱棣，被封为燕王。十年以后，英姿勃发的朱棣走马上任镇守北平（后来的北京）。1392 年，太子朱标病亡，朱元璋将长孙朱允炆立为继任者。1398 年，朱元璋病故，朱允炆成为明朝第二代皇帝。1399 年，野心勃勃的朱允炆的四叔——也就是燕王朱棣率军南下，以“靖难”（平定国家的灾难）的名义发起夺权战争，1402 年攻陷南京，朱允炆不知所踪，朱棣成为明朝第三代皇帝，年号永乐，后世称其为永乐皇帝或明成祖。朱棣即位之后，很快便宣布将北平升格为北京，使其成为南京之外的又一座首都。

朱棣可谓明代最有作为的皇帝，他下令编纂了世界最大的百科全书《永乐大典》；下令郑和下西洋，开启世界大航海时代；下令重建北京城，营建了至今仍是世界第一大宫殿的北京紫禁城。

建设北京，其中最重大的工程即是建设皇宫紫禁城。1406 年，紫禁城开始建设，历时 14 年，至永乐十八年（1420 年）建成。第二年，朱棣迁都北京，入驻紫禁城。从此，北京紫禁城屹立近600年，历经明清两朝二十四个皇帝，至今气势雄伟、豪华壮丽，堪称我国最伟大的建筑。

毫无疑问，世界第一宫殿北京紫禁城的肇始者是1360年5月2日生于南京的朱棣，但具体是谁主持了紫禁城的修建？用今天的话来说，这项伟大工程的总指挥又是谁呢？

陈珪，这也是位江苏人！《明史》对此有明确记载：陈珪，泰州人，生于1335年。大将军徐达的部下，明朝初年跟随徐达平定中原，后任燕山中护卫。并随明成祖出塞为前锋，积功至指挥同知，累迁都督佥事，封泰宁侯，禄千二百石。"永乐四年董建北京宫殿，经画有条理，甚见奖重。"所谓"董建北京宫殿"，即"督建北京宫殿"。译为今天的话就是：很早就是燕王朱棣部下的陈珪被永乐皇帝朱棣任命为北京宫殿建设工程总指挥，他的筹划调度有条不紊，深得皇帝信任和器重。

北京的营建，以南京为蓝本，《明实录》上有这样的话："初营建北京，凡庙社、宫殿、门阙，规制悉如南京，而高敞壮丽过之。"如此浩大的工程，耗费人力物力财力之巨大可想而知，从远在四川的深山老林采伐木料，以及在北京房山开采汉白玉石料、河北等地烧制砖瓦的民工，到现场的木匠瓦匠漆匠等等，人们估计参与紫禁城营建的军民前后估计多达百万。永乐皇帝在写给陈珪的一件诏书里说："要善待工地上的军人和民工，饮食和作息要有规律，不要过于劳累。你们要体谅我爱惜百姓的想法。"

陈珪指挥组织百万劳动者，鞠躬尽瘁，但并没有等到紫禁城建成的那一天，便于1419年过世，享年八十五岁。永乐皇帝追封其靖国公，谥忠襄。他的后代子孙共有十三人相继承袭爵位，直到明朝灭亡。

世界最高的释迦牟尼青铜像

作为世界上最高的释迦牟尼青铜立像，灵山大佛比四川乐山大佛还要高17米。

灵山大佛的形象依据佛经如来三十二形相的记载完成。大佛慈颜微笑，广视众生，右手“施无畏印”代表除却痛苦，左手“与愿印”代表给予快乐，均为祝福之相，整个佛像形态庄严圆满，安详凝重而细致，显现佛陀慈悲的法相。

灵山大佛坐落于无锡马山秦履峰南侧的小灵山地区，该处原为唐宋名刹祥符寺之旧址，为保存古迹，弘扬文化，由修复祥符禅寺筹建委筹划，在恢复祥符寺的同时，兴建88米高的露天青铜释迦牟尼佛立像。青铜大佛所在位置系唐玄奘命名的小灵山，故名灵山大佛。

大佛采用锡青铜材料铸造，除因青铜件持久永恒外，更重要的是青铜艺术是源于石器时代的古典艺术精粹，古朴素雅，优美细致，是中华民族传统文化中极为灿烂的一部分。筹建委铸造工程交予南京晨光集团，因为此前晨光集团以令人信赖的技术，成功地用铜铸造了总高34米的香港天坛大佛。

佛历二五四一年十月十六日（1997年11月15日），灵山大佛隆重举行开光盛典。

灵山大佛主要数据资料：1. 大佛通高88米，佛体高79米，莲花瓣 9 米。2. 佛体(不含莲花瓣)由 1560 块 6—8 毫米厚的铜壁板构成,焊缝长达 30 余公里。3. 大佛耗费铸铜约 700 吨,铜板面积达 9000 多平方米,约一个半足球场大小。4. 设计得当,采用的科技先进,大佛能抵御 14 级台风和 8 级地震。

世界最大的全景画

坐落在徐州的淮海战役纪念馆新馆 2007 年 7 月 18 日正式开放，纪念馆主体建筑面积 25000 平方米，成为目前世界上最大的陆战博物馆。在博物馆中，让人最为震撼的《淮海战役全景画》，它的画高 18.5 米，长 144.5 米，面积 2674 平方米，地面塑型 1491 平方米，全部面积接近于一个足球场，是目前中国最大的全景画，也是目前世界全景画史上最大的一幅画。

《淮海战役全景画》安置于淮海战役纪念馆全景画馆，该馆为圆柱形密闭堡垒式建筑，直径 50 米、高 23 米，是目前世界体量最大的全景画馆。画馆的中央是可容纳 150 人的圆形旋转看台，墙壁上是成 360 度的环形全景画的的背景部分，背景部分与旋转看台之间是全景画的地面塑形部分。

画家利用远近透视法则创造了开阔的空间，用全景写实的手法，以淮海战役中碾庄、双堆集、陈官庄三大战场为背景，真实再现了淮海战役波澜壮阔的历史：敌我双方、前方后方、战士百姓、指挥部和前沿阵地、成千上万民工小车运军粮、冰河中架起的人桥和沂蒙山村妇女做军鞋，以及整个战役的各个阶段——运筹、布兵、进攻、堵截、追击等种种生动形象和惊心动魄的场景一一再现于全景画中。在中央看台与背景画面之间的地面塑型是一幅立体画卷，把战场地貌、工事、武器按一定比例缩小，使人员、武器、阵地等与环形背景画面浑然一体，加强了感染力。

观众只要坐在缓慢旋转的中央旋转看台上，不断变换的场景扑面而来，听着讲解员的介绍，就能了解到整个淮海战役的进程，在现场光电技术营造出的硝烟和战火中，观众恍若置身于真实的淮海战役中。

该画由上海鲁迅美术学院创作完成，李福来、晏阳、李武、曹庆堂、周福先，韦尔申、付巍巍、李宪吾、孙兵、刘希倬十位来自鲁迅美术学院的专业画家共同完成的作品，前后历时五年。其间，他们多次到当年的淮海战役战场实地考察、构思，仅战役的重要战场双堆集就去了 5 次。绘制时相当耗费体力，必须站在升降机上进行，共动用了三台升降机，绘制过程用掉六吨多颜料，耗时二百多天。

艺术与自然科学真的不是一回事，这幅画上绘制了几千个人物，但具体数量是多少，连画家们也不知道，他们希望有心的观众去帮他们数一数呢！

在第十一届全国美术作品展览中，《淮海战役全景画》获金奖。

中国最大的近代史博物馆

南京总统府位于南京长江路 292 号，现已成为中国最大的近代史博物馆。自 1840 年鸦片战争至 1949 年人民解放军占领南京的 100 多年里，这里多次成为中国政治军事的中枢和重大事件的策源地，中国一系列重大事件都在这里发生或与这里密切相关，一些重要人物都在此活动过，这一建筑群已成为近代中国历史的重要遗址。

南京总统府建筑群始建于明朝，明朝初年曾是归德侯府，永乐二年(1404 年)朱棣封次子朱高煦为汉王，将侯府扩建为汉王府，府内“煦园”的名称沿用至今。清朝作为江宁织造署、江南总督署、两江总督署，康熙、乾隆皇帝下江南时均以此为“行宫”。1853 年 3 月太平军占领南京，定都天京，洪秀全在此兴建了规模宏大的太平天国天朝宫殿，即天王府。清军攻破南京后，焚毁宫殿建筑，于同治九年(1870 年)重建了两江总督署。林则徐、曾国藩、李鸿章、刘坤一、沈葆桢、左宗棠、张之洞、端方等均担任过两江总督。1911 年 10 月辛亥革命爆发，1912 年 1 月 1 日，孙中山在此处宣誓就任中华民国临时大总统，并组建了中国历史上第一个共和制的国家政权——中华民国临时政府。1912 年 4 月，临时政府结束，在这里成立了以黄兴为留守的南京留守府；1913 年“二次革命”中，又成为讨袁军总司令部。1913 年至 1927 年，这里先后成为江苏都督府、江苏督军署、江苏将军府、江苏督办公署、副总统府、宣抚使署、五省联军总司令部、直鲁联军联合办事处等机构。1927 年 4 月南京国民政府成立，同年 9 月移驻这里办公。1937 年 12 月南京沦陷后，国民政府先后成为日军第 16 师团部和汪伪维新政府行政院，以及汪伪政府的立法院、监察院和考试院。1946 年 5 月，国民政府“还都”南京后，这里继续成为国民政府所在地。1948 年 5 月 20 日，蒋介石、李宗仁在“行宪国大”上分别当选总统和副总统后，国民政府改称总统府。1949 年 4 月 23 日南京解放，中国人民解放军占领总统府，揭开了中国历史新的一页。

南京解放后的近 50 年中，总统府一直作为机关的办公场所。自 20 世纪 80 年代以来，机关单位陆续搬迁，并于 1998 年在总统府旧址之上，开始筹建南京中国近代史遗址博物馆，至 2003 年 3 月，建设工作完成，并正式对外开放。目前，博物馆总占地面积为 9 万平方米，共分三个参观区域。中区（中轴线）主要是国民政府、总统府及所属机构；西区是孙中山的临时大总统办公室、秘书处和西花园，以及参谋本部等；东区主要是行政院旧址、马厩和东花园。一系列展馆和珍贵史料陈列都分布在这三个区域中。

科学教育篇

天下第一『状元省』

江苏是文化大省，让江苏人引以为荣的是，清朝时期产生状元最多的省份就是江苏。从顺治四年（1647 年）丁亥状元吕宫（江苏武进人），到光绪二十年（1894 年）甲午科状元张謇（江苏南通人），247 年中，共有 49 名状元来自江苏。其中，有 24 名籍贯苏州，苏州也成为中国历史上在一个朝代之中产生状元最多的州府，其最有名的清代状元是翁同龢。

中国古代科举制度自隋朝大业二年（606 年）创始，至清朝光绪三十一年（1904 年）结束，经历了一千三百多年。这期间共产生了数以百万计的举人和十多万名进士，但状元则少之又少，如宋朝每届有 40 万考生应试，40 万人中才能出一个状元。据刘继兴先生考证，自唐高祖武德五年（622 年）的第一位科举状元孙伏伽开始，到清光绪三十年（1904 年）最后一位状元刘春霖止，在这 1283 年间，我国历史上有文字可考为 745 榜，共产生了 592 名状元，加上其他短命政权选考的状元以及各代的武状元，中国历史上总计可考的文武状元为 777 人。

由此可见，江苏在清代取得 49 个状元，是多么骄人的成就。

有学者对中国历史上的状元进行了对比分析，认为有三位江苏清代状元堪称之最：

政治影响之最——对中国政治局势起过重大影响和作用的是清咸丰六年（1856 年）丙辰科状元翁同龢。他一生两为帝师，在中日甲午战争后积极支持康有为的变法主张，并最终促成“戊戌变法”，使当时的政局发生了重大变化。

外交影响之最——外交方面影响最大的是清同治七年（1868 年）戊辰科状元、苏州人洪钧。他于光绪十三年（1887 年）奉命出使俄、德、荷、奥诸国，任外交使臣三年。他还利用西方资料撰著了《元史译文证补》，开创了利用西方著作、资料研究元史的新纪元。在中法战争中，洪钧坚决主战。他也因风流轶事而闻名，赛金花即是他的小妾。

经济影响之最——对国家经济贡献最大的是清光绪二十年（1894 年）甲午科状元张謇。张謇是主张实业救国的鼻祖，于及第后第二年即开始兴办实业，先后办起数十个企业及大批社会事业，取得了巨大成就，影响遍及全国，被誉为“中国之大教育家、大实业家”。

最盛产国家『最高科技奖』得主的省份

江苏是最盛产“国家最高科技奖”获得者的省份。截止2012年初，在已评出的二十位国家最高科技奖的获奖者中，以江苏人为最多，共四位；如果将吴征镒院士计入，则是五位。

王选(1937—2006)：已故。籍贯江苏无锡，计算机专家，曾任中国科学院院士、中国工程院院士、第三世界科学院院士，北京大学教授。汉字激光照排系统的创始人，他所领导的科研集体研制出的汉字激光照排系统为新闻出版全过程的计算机化奠定了基础，被誉为“汉字印刷术的第二次发明”。王选获得2001年度国家最高科技奖。

金怡濂(1929—)：籍贯江苏常州，计算机专家，中国工程院院士，国家并行计算机工程技术研究中心主任。被誉为“中国巨型计算机之父”。在计算机研究领域，人们通常把当时性能最高、运算速度最快的一类计算机称为巨型计算机。到了20世纪90年代，中国自己开发成功的巨型计算机的运算速度达每秒10亿次。但是，当时美国和日本的巨型计算机的运算速度已达到每秒上千亿次。为了缩小这一差距，中国决定研制“神威”巨型计算机。获此消息后科研人员激动不已，在研制每秒200亿次还是每秒500亿次的巨型机的问题上大家争论不休。但金怡濂说：“我们应当有能力造一台千亿次巨型机！而且必须有一个大的跨越，否则我们会被世界越甩越远。”金怡濂这掷地有声的豪言建立在他认真分析和思考的科学基础上。争论结束，研制千亿次巨型机的意见被采纳，金怡濂本人被任命为“神威”计算机的总设计师。在金怡濂带领下，1999 年 9 月，由国家并行计算机工程研究中心牵头研制的“神威”巨型计算机系统终于研制成功，运算速度达每秒 3840 亿次，中国巨型计算机研制从此进入世界先进行列。金怡濂获得 2002 年度国家最高科技奖。

王振义（1924— ）：籍贯江苏兴化，内科血液学专家，中国工程院院士，法国科学院外籍院士，上海交通大学医学院附属瑞金医院终身教授。他在医学上的最主要贡献是应用全反式维甲酸诱导分化治疗急性早幼粒细胞白血病，在临床上极大地提高了急性早幼粒细胞白血病病人的完全缓解率和长期生存率。王振义获得 2010 年度国家最高科学技术奖。

吴良镛（1922— ）：籍贯江苏南京，且出生地也是南京。中国科学院和中国工程院院士，曾任清华大学建筑系主任，以及国际建筑师协会副主席、世界人居学会主席等职。长期致力于中国城市规划设计、建筑设计、园林景观规划设计的教学、科学研究与实践工作。他是中国现代建筑教育事业的开拓者之一，是活跃在国际舞台的世界著名建筑与城市规划学家。

最具有重大影响力的是，吴良镛创建了中国人居环境科学，建立了以人居环境建设为核心的空间规划设计方法和实践模式。1987 年，他正式提出“广义建筑学”的概念，并在 1989 年 9 月出版的同名专著里，将建筑从单纯的“房子”概念走向“聚落”的概念。1993 年，他领衔公开提出“人居环境学”的设想。1999 年，在北京举行的世界建筑师大会上，他负责起草了《北京宪章》，引导建筑师全方位地认识人居环境的方法论，而不是局限在狭隘的技术—美学范围内；植根于地方文化与社会、直至覆盖心理范畴的多层次的技术体系；将美术、手工艺以及工业设计与建筑师的工作结合起来……运用自己的理论，他成功开展了从区域、城市到建筑、园林等多尺度多类型的规划设计研究与实践，先后获得世界人居奖、国际建筑师协会屈米奖、亚洲建筑师协会金奖、陈嘉庚科学奖以及美、法、俄等国授予的多个荣誉称号。吴良镛获得 2011 年度国家最高科学技术奖。

吴征镒（1916— ）：中国具有国际声誉的植物学家，植物区系研究的权威学者，从事植物科学研究逾六十年，专长植物分类地理学和药用植物学。中国科学院昆明植物研究所研究员、名誉所长，中国科学院院士。吴征镒 2007 年度获国家最高科学技术奖。

吴征镒院士专心从事以中国植物为中心的东亚植被和区系研究，潜心研究生物多样性，编著了大量宝贵文献，为人类认识自然，实现人与自然和谐共存做出了巨大的贡献。鉴于他对中国和世界植物学和其它有关研究领域做出的伟大贡献，于 1999 年荣获有世界园艺诺贝尔奖之称的日本花卉绿地博鉴会纪仿协会“考斯莫斯国际奖”(International COSMOS Prize 1999)，成为世界第七位，亚洲第二位获得该奖的学者。

有研究者指出，吴征镒原籍安徽歙县，寄籍江苏扬州仪征。所谓寄籍，是指长期离开本籍，居住外地，附于外地的籍贯。吴家几代之前即从歙县迁入扬州，其祖父吴筠孙已经家居扬州，并由此考取光绪甲午恩科进士。出生于江西九江的吴征镒一岁起便回到已是扬州十大望族之一的吴家，童年时先入家塾，1929 年就读江都县中，1931 年考入江苏省立扬州中学，1933 年考入清华大学生物系。

在扬州有个全国文物保护单位，一座著名的大宅——“吴道台宅第”，就是吴征镒家的祖屋，这座大宅正是吴征镒的祖父吴筠孙的哥哥前清道台吴引孙修建的、并归他们兄弟二人共有。因此，将吴征镒归为江苏扬州人，并无不妥。

最盛产诺贝尔奖华人得主的中国省份

诺贝尔奖自 1901 年颁发以来，共有 9 位华人获诺贝尔奖，其中江苏人有三名，为中国各省最多，显示了江苏极其深厚的文化与教育底蕴。这三位祖籍或籍贯为江苏的诺贝尔得主是：李政道、高行健和朱棣文，祖籍或籍贯为其他省市获得诺贝尔奖的华人是：安徽的杨振宁、山东的丁肇中、台湾的李远哲、河南的崔琦、浙江的钱永健、上海的高锟。

李政道，1926 年 11 月 25 日生于上海，祖籍江苏苏州，曾就读于东吴大学（今苏州大学）附中、江西联合中学等校。因抗战，中学未毕业。

1957 年，李政道和杨振宁因“发现宇称原理的破坏”而被授予诺贝尔物理学奖，这是华人第一次获得诺贝尔奖。

李政道倾心倾力关心祖国的发展，自 1972 年起多次回中国访问讲学。1980 年以来，他发起组织美国几十所主要大学在中国联合招收物理学研究生，为培养中国青年物理学家作出了贡献。1998 年 1 月 23 日，李政道将其毕生积蓄 30 万美元，以他和他的已故夫人秦惠（竹君）的名义设立了中国大学生科研辅助基金，资助包括苏州大学、北京大学在内的国内四所高校的本科生从事科研辅助工作。李政道的曾祖父李子义是苏州东吴大学的前身苏州博习书院创建人之一。李政道 1974 年 5 月 30 日会见毛泽东主席时，建议在中国科技大学开设少年班，他的建议得到采纳。李政道关心中国科学事业的发展，主张设立国家自然科学基金，建议建立博士后制度和建造北京正负电子对撞机，并建议成立中国高等科学技术中心和北京近代物理中心等等。这些建议都一一得以实现。

高行健，祖籍江苏泰州，1940 年 1 月 4 日生于抗战时期的江西赣州。法籍华裔剧作家、小说家、翻译家、画家、导演、评论家。1957 年毕业于南京第十中学（金陵中学），1962 年毕业于北京外国语大学法语专业，1987 年移居法国，1997 年取得法国国籍。

高行健父亲高运同是中国银行职员，母亲顾家骝是基督教青年会成员并做过抗日剧团的演员，二人均生于破落的大家族中。幼年的高行健由于体弱而由母亲进行识字教育。在她的影响下，高行健对戏剧、写作和绘画均产生了兴趣。

1952 年，高行健就读于南京市第十中学（金陵中学），金陵中学原为教会学校金陵大学（今南京大学渊源之一）附属中学，因此能够接触到许多的西方翻译来的著作。对这段时光，高行健回忆到："我的底子是在那打下的。我的中学生活完全像是生活在梦里。"

高考复习中，高行健反思了自己学习理工的理想，并在一个下午偶然在学校图书馆中找到了一本共产国际出版的刊物，书中所描绘的二十世纪初期的巴黎超现实主义画家和艺术家、诗人和文学家们在巴黎小酒馆里的生活深深吸引了他。因此，年仅 17 岁的高行健于 1957 年考入了北京外国语学院（今北京外国语大学）的法语专业。

1981 年，高行健调入北京人民艺术剧院担任编剧，进入其话剧创造的鼎盛时期。他大量吸收了西方现代派的戏剧手法，突破了话剧传统的时间结构，拓宽了戏剧表现空间，探索新的戏剧观念包括舞台观念。创作的《绝对信号》一剧还被评为中国"共和国 50 年 10 部戏剧"之一。

因"其作品的普遍价值，刻骨铭心的洞察力和语言的丰富机智，为中文小说和艺术戏剧开辟了新的道路"而荣获 2000 年诺贝尔文学奖，并因此成为首位获得该奖的华语作家。他的著作已被译为 36 种语言，代表作有小说《灵山》、《一个人的圣经》，戏剧《绝对信号》、《车站》等。

高行健现在使用中文和法文两种语言进行创作。

朱棣文，生于 1948 年 2 月 28 日。他出生于美国，但祖籍苏州太仓。朱棣文的父母从清华大学毕业后，上世纪四十年代来到美国，育有三子，都学有所成，朱棣文排行老二。

1997 年,朱棣文因“发明了用激光冷却和俘获原子的方法”获得诺贝尔物理学奖,2009 年起任奥巴马政府的美国能源部长。

朱棣文的父亲朱汝瑾是太仓人,母亲李静贞是天津人。朱棣文的祖父朱祝年是太仓城厢镇的一位读书人,曾在太仓东门外开设私塾。

无论是谁,对自己的祖国是无法忘怀的。1998 年,朱棣文奉父命来到太仓寻根,在祖居老宅边的古井处,朱棣文神色凝重地包了一包土,说要带回美国。他说:“我虽然生在美国、长在美国,但我血管里流的是中国人的血,我的根就在太仓。”

征得朱棣文同意,1999 年,太仓市将一所新小学命名为朱棣文小学。2000 年 8 月,朱棣文首次来到朱棣文小学,并用英文题词:“小学是基础教育,是一个人在学习生涯中迈出的最重要的一步,要在这里让学生热爱学习,学会学习。”朱棣文用中文签上了自己的名字,据说当时他只会写这几个汉字。

两院院士最多的家族

中国两院院士最多的家族在哪？是无锡钱氏家族！江苏是产生两院院士最多的省市，其中仅无锡钱家这个家族，就总共产生了九位中国科学院院士和中国工程院院士，为现代中国科技发展做出了巨大贡献。

无锡钱氏家族这九位院士是：中科院院士钱伟长、钱钟韩、钱临照、钱令希、钱逸泰、钱保功，中国工程院院士钱易、钱鸣高，中科院学部委员钱俊瑞。与浙江绍兴的钱三强、浙江杭州的钱学森等中国科学巨擘一样，这九位院士都是五代时期吴越国国王钱镠的后代。

钱临照（1906—1999）：物理学家、教育家，1960年以后任中国科学技术大学教授，曾兼任副校长（1980—1984）。我国金属晶体范性形变和晶体缺陷研究以及物理学史研究的奠基人之一；中国科学史研究的开拓者，早期研究《墨经》中的物理学内容，长期指导中国物理学史的研究工作。

钱俊瑞（1908—1985）：经济学家，1955年当选为中国科学院哲学社会科学部学部委员并任世界经济与政治研究所所长、中国世界经济学会会长以及北京大学教授等职。主要著作有：《中国国防经济建设》（1988）、《现今中国土地问题》、《中国地租的本质》、《怎样研究中国经济》、《中国的货币制度往哪里去》、《世界经济与世界经济学》（1982）、《世界经济与中国经济》（1983）、《当代经济概况》（上下册，1983、1985）、《资本主义与社会主义纵横谈》（1983）。

钱钟韩(1911—2002):工程热物理和自动化专家,创办了国内最早的热工仪表自动化专业,培养出新中国首批电厂运行自动化专家,并取得一系列重要科技成果。中华人民共和国建立后,历任南京大学工学院院长,南京工学院(现东南大学)副院长、院长;1988 年起至逝世任东南大学名誉校长。

钱伟长(1912—2010):中国近代力学之父、教育家,上海大学校长。1956 年制定规划了中国第一次 12 年科学规划,与钱学森、钱三强一起,被周恩来称为中国科技界的"三钱",并被任命为清华大学副校长;与钱学森等创办中国科学院力学研究所。参与创建北京大学力学系——开创了我国大学里第一个力学专业;出版中国第一本《弹性力学》专著,开设了我国第一个力学研究班和力学师资培养班,该班学员大多成为中国从事力学研究和教学的领军人物,为我国的机械工业、土木建筑、航空航天和军工事业建立了不朽的功勋,被后世人称为中国近代"力学之父"、"应用数学之父"。他是一个伟大的科学天才,1940 年 1 月考取中英庚款会的公费留学生,赴加拿大多伦多大学学习,跟随导师辛吉研究,用 50 天时间完成论文《弹性板壳的内禀理论》,发表于他的恩师、世界导弹之父冯·卡门的 60 岁祝寿文集内,爱因斯坦看后,感叹:这位中国青年解决了困扰我多年的问题。此文奠定了钱伟长在美国科学界的地位。

钱保功(1916—1992):高分子化学和高分子物理学家,他为开创我国高分子科学研究新领域,开发中国自行研究的合成橡胶和辐射高分子材料贡献重大。1951 年任中国科学院长春应用化学研究所研究员,1961 年任该所副所长。1981 年后历任中国科学院武汉分院副院长、院长。

钱令希(1916—2009):钱临照之弟,工程力学家、教育家,1950 年担任浙江大学土木系主任,1952 年到大连工学院(今大连理工大学)任教,后任院长、大连理工大学顾问。长期从事结构力学的教学和研究,是我国计算力学的工程结构优化设计的开拓者,也是使结构力学与现代科学技术密切结合的先行者与奠基人,为我国的桥梁工程、水利工程、舰船工程、港湾工程等领域,以及我国第一艘核潜艇的建造作出了重要贡献。

钱鸣高(1932—):采矿工程专家,中国矿业大学教授,中国矿山压力与岩层控制学科主要奠基人之一,提出了矿山采场上覆岩层在受开采影响而破断后形成的结构模式,即"砌体梁"力学模型,创立了视老顶岩层为弹性基础上悬露板的力学模型,为综采工作面液压支架工作阻力的确定及老顶来压预测预报奠定了基础。以后又在研究"支架—围岩"相互作用的基础上建立了"支架—围岩"系统的故障诊断技术,为综采面的高产高效提供了保障。

钱易(1936—):女,环境科学专家,清华大学教授。数十年来致力于研究开发适合我国国情的高效、低耗废水处理新技术,对难降解有机物生物降解特性、处理机理及技术进行了卓有成效的研究。钱易是著名国学大师钱穆之女。

钱逸泰(1941—):无机材料化学家,山东大学和中国科学技术大学教授。长期从事纳米材料化学制备和新超导材料研究,取得较大成绩。

我国另两位科学巨擘钱学森、钱三强,以及诺贝尔得主、美籍化学家钱永健(钱学森的堂侄)虽然都是浙江人氏,但他们也都是吴越国国王钱镠的后代。

另外需说明的是:1993年10月中国科学院学部委员改称中国科学院院士,是中国大陆最优秀的科学精英和学术权威,中国科学院院士从国内外最优秀的科学家中选出,每两年增选一次。1955年随"中国科学院学部"的成立,中国科学院产生第一批院士;自1994年开始,增选外籍院士。1994年,中国工程院成立,部分院士既为中国科学院院士也为中国工程院院士。

在校大学生人数全国最多的省份

根据 2011 年底的统计，江苏普通高等学校的数量和在校大学生人数居全国第一。不含成人教育学校在内，江苏省共有普通高等学校 151 所，在校大学生 179 万人，均列全国各省市第一。根据山东和广东教育厅在其官网上公布的数字，山东不含成人教育在内的高校数量是 139 所，广东不含成人教育在内的高校数量是 138 所（包括 4 所外省市在粤开办的学院或分校），山东和广东的普通高等学校的数量名列全国二三位。

自春秋五霸的吴国开始，今江苏地界的文化教育逐渐成为中国大地上最为发达的地区之一，这一点可以古代状元出自江苏的最多为证。明代南京的国子监，曾是中国最大的高等学府。清末维新，西方近现代教育体制引入中国，江苏开始建立新型大学。

江苏最著名的大学是南京大学，其前身是中央大学和金陵大学，这两所大学是江苏最早创建的近现代体系的大学，也是同期江苏最有声望的两所大学，其建立和发展史可视为江苏高等教育的历史，因为江苏的著名大学，除苏州大学（前身是教会学校东吴大学）等少数几所学校之外，几乎都是与其有“血缘关系”。

中央大学源于 1902 年开始创办的三江师范学堂，三江师范学堂是清政府建立的最早的大学之一，此后历经两江师范学堂、南京高等师范学校、国立东南大学、第四中山大学，1928 年 5 月定名为国立中央大学，1949 年更名为国立南京大学，1950 年定名为南京大学。

金陵大学是中国十三所基督教教会建立的大学之一，由三家美国教会建立的书院：1888 年建立的汇文书院、1891 年建立的基督书院、1894 年建立的益智书院于 1910 年合并而成，著名书法家、两江师范学堂监督李瑞清题写校名。清政府一向认为外国教会在中国设立的学校，是以外国人的资格和条约上的权利为依据而设立的，非国内教育事业，因此采取不干预的态度。因此，金陵大学成立后，并未得到中国政府的认可，而是在美国纽约州教育局注册的。也就是说，像金陵大学这样的美国教会学校相当程度上“成为了中国土地上的美国附属学校”。1951 年 9 月，(私立)金陵大学与(私立)金陵女子文理学院(原金陵女子大学)合并为公立金陵大学。

1952 年，全国高校院系进行调整，南京大学调整出工学、农学、师范等部分院系后与金陵大学文、理学院等合并，仍名南京大学。而调整出的各个部分，融入金陵大学等校调整出的系科后成为独立的学院：南京工学院(今东南大学)、南京农学院(今南京农业大学)、南京师范学院(今南京师范大学)、华东水利学院(今河海大学)、南京林学院(今南京林业大学)；今天的上海体育大学、西北工业大学、第四军医大学、华东政法大学等，亦含有南京大学调整出的系科。而后，南京工学院又衍生出南京化工学院(今南京工业大学)、无锡轻工学院(今江南大学)和江苏工学院(今江苏大学)。

自 1902 年 5 月 30 日刘坤一向清廷上奏《筹办学堂折》，呈请在两江总督署江宁(即南京)办一师范学堂，以满足日益增长的中小学堂之师资需要起，三任两江总督刘坤一(病逝)、张之洞(调北京)、魏光焘“前仆后继”，终使三江师范学堂 1903 年 9 月正式开学。开办之初，学堂暂设于总督府署，同时在南京北极阁前明代国子监旧址兴筑校舍。学制分为一年最速成科、二年速成科、三年本科和四年高等师范本科。学科设有理化科、农学博物科、历史舆地科和手工图画科。教员一部分聘请举贡廪增出身的中国学者，担任修身、史地、文学、算学等课的教学；另一部分则从日本聘来“教习”，讲授物理、化学、博物、生理、农学、图画、教育学等课程。

由于生源有限，三江师范学堂正式对外招生时，只有最速成科(修业一年)和速成科(修业二年)，分别只有 58 名和 20 名学生入学就读。

从 78 人到 179 万人，江苏高等教育已然走过了一百零八年！

全国第一个专利申请量超百万件的省份

根据国家知识产权局的数据，至 2011 年，江苏全省累计专利申请总量突破 100 万大关，成为全国首个专利申请超百万件的省份。同时，江苏省的专利申请总量、专利授权总量、企业专利申请量、企业专利授权量以及发明专利申请量 5 项重要指标也继续保持全国第一。

仅 2011 年一年，江苏省专利申请量和授权量分别达到 348381 件和 199814 件，同比分别增长 47.69％和 44.39％；其中企业专利申请量和授权量分别达到 196189 件和 118919 件，分别占申请量的 56.3％和授权量的 59.5％；发明专利申请量达 84678 件，同比猛增 68.35％，以上 5 项重要指标继续领跑全国。同时，全省累计专利申请量突破 100 万大关，成为全国首个专利申请超百万件的省份。万人有效发明专利拥有量达 3.74 件，超过国家“十二五”科技发展规划 3.3 件的目标。

专利指标的持续增长，意味着江苏的创新能力和技术改造正在持续提高，同时也意味着江苏人正在努力用自己的知识产权把握未来之路。江苏已有 11 个省辖市、5 个县级市和 5 个国家级工业园区被列为国家级示范城市或园区，是全国拥有知识产权示范城市最多的省份。不过,江苏的发明专利申请量虽然名列全国第一,但发明专利授权量却只是名列第三。名列授权量第一的省份是广东省,其授权量达到了 18242 件,且是连续四年全国第一;北京列第二,授权量达到 15880 件;江苏列第三,授权量为 11043 件。由于港澳台属于不同的经济区域,这三个地区未列入全国排名。

一个发明,只有得到国家知识产权局的授权才能获得专利保护,专利授权量也是衡量所在地区科研与技术创新能力的一个重要指标。所以,江苏的发明家和企业尚需继续努力。根据国家知识产权局的数据,在 2011 年我国城市发明专利授权量排行榜(不含直辖市)上,深圳以 11826 件、杭州以 4509 件、南京以 3457 件、广州以 3146 件、西安以 2478 件,分列前五位;武汉 2585 件、苏州 2486 件、成都 2403 件、无锡 1819 件、长沙 1767 件,分列五至十位。

国人创办的第一所残疾人学校

1916年，清末状元、近代著名实业家、教育家，江苏南通人张謇创办了我国历史上第一所由中国人自办自教的残疾人学校——南通狼山盲哑学校，体现了中国对残疾人人文关怀的现代意识的萌生。这也是当年张謇在南通创办的几所开创中国教育史先河的学校之一。

在南通进行近代化实践的进程中，张謇坚信实业、教育和慈善三者不可缺一。1903年，张謇在日本考察期间，曾到京都的盲哑院参观，对日本扶助和教育残疾人使其有用深有所感。后来，他还参观了外国教会在烟台创办的盲哑学校启喑学馆。1907年，张謇劝导江苏按察使兴办盲哑学校。盲哑学校既是教育，又是慈善的一部分。1912年，张謇于狼山东侧购地6亩作为校址，开始动工。至1916年，共建校舍40余间，内设教室、阅读室等，校园内辟有学生活动场地与农业实验田。同时，张謇还开办盲哑师范传习所，以培养盲哑师资。至此，南通盲哑学校校舍竣工，师资具备，遂于1916年11月举行开学典礼，张謇亲自担任校长。

该校首批招收盲哑生各4名，分为盲哑两科。盲生学音乐、针案、按摩等课程；哑生学图画、雕刻、裁衣等课程。张謇主张采取符合特殊教育原理的教学方法，将口语、手语、书面语等各种语言综合运用，取得了良好的教学效果。张謇亲自为盲哑学校制订了“造就盲哑，使具备独立自存之能力”的办学宗旨以及“勤俭”的校训。学生毕业后，有的应聘赴外地从事盲哑教育，有的到商务印书馆担任印刷排字工，“多皆勤勉任事”。改变了盲哑人未受教育时“贫者乞食，富者逸居”的状况。

新中国政府1951年接管南通盲哑学校，改变了盲哑学校的私立性质。2009年2月，学校与南通市崇川区辅读学校资源整合，组建成立南通特殊教育中心，新建学校易地于风景优美的城山河畔，现占地面积36614.93平方米，建筑面积21944.26平方米，功能齐全，设施先进，建有体育馆、游泳池及律动、职教等专业教室。学校秉承张謇“造就盲哑，使具备独立自存之能力”的办学宗旨，努力开创现代特教之路。学校职业教育、素质教育成果显著，科技发明屡获金奖，学校的盲人足球队在全国首届盲人足球赛中夺冠。在校园里，设有“张謇话廊”，让学生们领受这位伟大教育家的谆谆教诲。

张謇办教育不遗余力。据统计，他在南通地区共创办小学370余所，中等学校6所，高等学校3所，一生投在教育上的款项达257万两白银。除了盲哑学校，张謇在南通创办的其他几所著名的学校是：1902年创办通州师范学校，即现在的南通高等师范学校的前身，是我国第一所专门培养小学师资的中等师范学校。1912年创办南通纺织染传习所，1913年9月更名为南通私立纺织专门学校，1921年升级为南通纺织专科学校，1927年改名南通纺织大学，该校是我国第一所从事纺织技术教育的专科学校，目前已成为南通大学的一部分。1912年3月，张謇及其兄创办私立南通医学专门学校，也是我国最早创办的高等医学院校之 ，成为日后的苏州医学院和南通医学院的前身；目前这两所医学院分别成为苏州大学和南通大学的一部分。也是在1912年，他还创办了河海工程专门学校（河海大学前身），是中国第一所水利专科学校。1914年创办南通女红传习所，是我国最早的一所培养女子刺绣工艺人才的专门学校。

在南通之外，1902年，张謇参与筹划建立中国近代第一所高等师范学堂三江优级师范学堂，并参与后续的南京高等师范学校、国立东南大学（后改名为国立中央大学、南京大学）的建设。1905年，张謇与马相伯在吴淞创办了复旦公学，这就是复旦大学的前身。1909年，张謇创办邮传部上海高等实业学堂船政科，因地处吴淞，曾一度称“吴淞商船专科学校”。解放后，学校改组为上海航务学院。1953年，上海航务学院、东北航海学院、福建航海专科学校合并成立大连海运学院，也就是今天的大连海事大学。1912年，张謇在老西门创办江苏省立水产学校，1913年全校迁往吴淞，故称“吴淞水产专科学校”，今天上海海洋大学的前身。1917年，在张謇支持下，同济医工学堂（同济大学的前身）在吴淞复校。

中国第一位女大学校长

关于这个命题，目前有两种说法，有人说是金陵女子大学校长吴贻芳(1893—1985)，另一种说法是国立女子师范大学校长杨荫榆(1874—1938)。从时间顺序上看，杨荫榆担任校长的时间在前。因此，笔者认为杨荫榆是中国历史上第一位女性大学校长。

但无论如何，这个第一都属于江苏，因为杨荫榆是无锡人，而吴贻芳是泰州人。并且，她们都是伟大的爱国者！

可以说，杨荫榆是我国妇女解放的先驱者之一，她自小接受现代教育，十八岁时解除家里的包办婚姻之后，未再婚嫁。几年后先后留学日本、美国，曾任留美中国学生会会长、留美中国教育会会长，并与当时著名的实用主义大师杜威等过从甚密，得其真传。1922年，杨荫榆取得哥伦比亚大学教育专业硕士学位后，回国继续任教。1924年2月，她受教育部委任，接替许寿裳任女高师的校长。同年，女高师改名为"国立女子师范大学"，杨荫榆成为中国教育史上第一位女大学校长。

杨荫榆的管理理念强调秩序，要求学生只管读书，不要参加过问政治活动，把学生的爱国行为一律斥为"学风不正"，横加阻挠，引起学生强烈不满。1925年5月，女师大学生自治会要求其"下课"，杨荫榆宣布开除刘和珍、许广平的七名学生自治会成员。学生随后召开紧急大会，决定驱逐杨荫榆，并出版《驱杨运动特刊》。5月27

日，鲁迅、钱玄同等7人联名在《京报》上发表《对于北京女子师范大学风潮宣言》，表示坚决支持学生。几天后，五卅运动爆发，女师大学生组织“沪案后援会”，支援上海人民的反帝斗争。暑假期间，杨荫榆引来军警，殴打学生，掐断电话线，关闭食堂。8月10日，教育部下令停办女师大，另成立国立女子大学。8月22日，坚守女师大的学生骨干刘和珍、许广平等13人被教育部派出的打手打伤，拖出校门。在女师大风潮中，以鲁迅（当时是教育部职员）为首，女师大国文系教员周作人、沈尹默、马裕藻以及北大教授钱玄同等站在学生一边，与杨荫榆和支持她的教育部进行对抗，鲁迅因发表大量犀利嘲讽杨荫榆的文章丢掉了在教育部的饭碗。女师大风潮之后，迫于舆论，杨荫榆不得不辞去校长职位。三年后，吴贻芳始任金陵女子大学校长。

对于杨荫榆的反学生运动行为，她的侄女、著名作家杨绛先生在《回忆我的姑母》一文中有令人信服的解释：“她留美回国，做了女师大的校长，大约也自信能有所作为。可是她多年在国外埋头苦读，没看见国内的革命潮流；她不能理解当前的时势，她也没看清自己所处的地位。”1925年冬，杨荫榆回到苏州的兄长家。此后十多年，杨荫榆先后在苏州女师、东吴大学等校任教。

1937年苏州陷落，侵华日军要杨荫榆出任伪职，她严词拒绝，并几次到日军司令部提出抗议。杨绛回忆道：“三姑母住在盘门，四邻是小户人家，都深受敌军的蹂躏。据那里的传闻，三姑母不止一次跑去见日本军官，责备他纵容部下奸淫掳掠。军官就勒令他部下的兵退还他们从三姑母四邻抢到的财物。街坊上的妇女怕日本兵挨户找‘花姑娘’，都躲到三姑母家里去。1938年1月1日，两个日本兵到三姑母家去，不知用什么话哄她出门，走到一座桥顶上，一个兵就向她开一枪，另一个就把她抛入河里。他们发现三姑母还在游泳，就连发几枪，见河水泛红，才扬长而去。邻近为她造房子的一个木工把水里捞出来的遗体入殓。棺木太薄，不管用，家属领尸的时候，已不能更换棺材，也没有现成的特大棺材可以套在外面，只好赶紧在棺外加钉一层厚厚的木板。”“我看见母亲的棺材后面跟着三姑母的奇模怪样的棺材，那些木板是仓促间合上的，来不及刨光，也不能上漆。那具棺材，好像象征了三姑母坎坷别扭的一辈子。”

世界第一位在联合国宪章上签字的女性

1945年6月26日，联合国制宪大会在美国旧金山举行签字仪式。一位身着黑色丝绒旗袍、气质高雅的东方女性走上了主席台，代表中国政府第一个在《联合国宪章》上用毛笔庄严地签下了自己的名字。她就是祖籍江苏泰州的吴贻芳，当时金陵女子大学的校长。

吴贻芳1916年起进入金陵女子大学，其间当选学生自治会会长，带领同学积极参加五四运动。1922年进入美国密执安大学研究生院，获得生物学博士学位。1928年8月，担任金陵女子大学校长。

邓颖超称赞她“桃李满天下”，美国总统罗斯福赞誉她“智慧女神”。获得这样的赞誉的人，一定是胸怀广阔的人。吴贻芳是一个伟大的爱国者，她的胸怀容纳着祖国和社会而不仅是小小的我。新一届学生入学的开学典礼上，她在讲解金陵女大校训“厚生”时说：“人生的目的，不光是为了自己活着，而是要用自己的智慧和能力来帮助他人和造福社会，这样不但有益于别人，自己的生命也因之而更丰富。”在美国密执安大学时，一位澳大利亚的总理应邀来校演讲，当着数千学生面无礼声称：“中国不能算一个独立的近代国家。”在场的中国留学生闻之哗然，吴贻芳气愤地大声斥责：“这是对中国人的诬蔑!”并连夜写就文章,刊登在《密执安日报》上,进行批驳。1932年日本侵略者进攻上海及沪宁线上的城市,一些学生害怕欲请假回家避难。吴贻芳立即召集全体学生开会,激励学生:“前些日子你们参加抗日游行,高喊打倒日本帝国主义。你们的爱国行动难道就是喊句口号吗?你们难道不觉得惭愧吗?爱国不是挂在口头上,应该见诸行动。”

在抗战期间,吴贻芳积极投身抗战,担任大量的社会工作。宋美龄牵头成立中国妇女慰劳自卫抗战将士总会,吴贻芳当选为执行委员。包括邓颖超、何香凝在内的各方知名人士183人发起成立了战时儿童保育会,吴贻芳担任保育会的常务理事。

吴贻芳最为中国妇女赢得声誉的是1945年出席在美国旧金山隆重召开的联合国制宪大会。这次大会共有50个国家派出代表团参加,讨论制定联合国宪章。中国政府委派行政院代院长宋子文为首席代表,吴贻芳作为无党派代表,是唯一女性。在讨论联合国宪章时的一次会议上,英、美、苏代表先后发言,轮到中国代表,吴贻芳沉着地站起来走向主席台,宣讲了“不再使武力胜于正义,我们要维护世界永久和平”的宏议。

1945年6月26日,她作为中国政府代表在《联合国宪章》上郑重地签上名字,成为第一个在联合国宪章上签字的女性。

吴贻芳自1928年担任金陵女子大学校长有23年。1953年,担任江苏省教育厅厅长。1956年,当选为江苏省副省长。

1985年11月10日,这位伟大的女社会活动家、教育家在南京逝世,享年92岁。

世界最早的生铁实物

在北京中国国家博物馆里，陈列着一件稀世珍宝——南京六合程桥中学东周一号墓出土的生铁丸。这是个白口铸铁（铸造生铁的断口为白色，成为白口生铁），是迄今为止发现的世界最早的生铁实物。针对包括六合程桥出土的和其他地方出土的实物以及记载的研究表明，我国的冶铁技术至迟是在春秋中期发明的，并且很快就炼出了生铁。

人类炼钢技术的发展经历了三个阶段：第一个阶段是块炼铁（熟铁）；第二个阶段是生铁；第三个阶段是钢。生铁的冶炼成功有力地说明，东周时期（公元前770—公元前256）的古棠邑（南京六合区的古称）的先民们在高炉制作、鼓风送氧、燃料配备、热处理技术等方面已经处于世界领先水平。公元14世纪，欧洲才炼出生铁，比我国晚了1800多年。

铁器的使用是人类历史的重大进步。在世界上最早进行人工炼铁的是居住在小亚细亚（今土耳其的亚洲部分）的赫梯人，年代约在公元前1400年左右。公元前1300年至公元前1100年，冶铁术传入两河流域和古埃及，欧洲的部分地区于公元前1000年左右也进入了铁器时代。但当时冶炼的都是块炼铁（熟铁），一直到中世纪末（1400年左右）发明水力鼓风炉以后，欧洲才出现冶炼生铁。所谓块炼铁，是古代在较低的冶炼温度（1000℃左右）下，铁矿石固态还原获得的铁块；而生铁的冶炼温度要达到1400℃，这是早期的小亚细亚人不能企及的。

世界口径最大的大视场望远镜

在南京风景秀丽的紫金山北麓，南京天文光学技术研究所创造了不少奇迹，并正在继续创造新的奇迹。

2009 年 6 月 4 日，中国国家重大科学工程——大天区面积多目标光纤光谱天文望远镜(英文简称 LAMOST)在北京城东北 170 公里的中国科学院国家天文台河北兴隆观测基地顺利通过国家竣工验收。这个世界口径最大的大视场望远镜就是南京天文光学技术研究所研制的！它的问世，震动了世界天文界。

LAMOST 由南京天文光学技术研究所崔向群院士担任总工程师，是中国科学家自主创新设计、在技术上极具挑战性的新型大视场兼备大口径的光学天文望远镜，其视场为 5 度(相近口径的常规天文望远镜视场小于 1 度)，口径大于 6 米，光学系统由反射改正镜、球面镜和焦面三个部分构成，单次观测最多可同时获得 4000 个天体光谱。

LAMOST 被国际上誉为“地面大视场大口径望远镜的最佳方案”。它创造性地将 40 多米长的镜筒固定，并用主动光学技术实时产生非球面面形不断变化的高精度镜面——突破了半个世纪以来世界天文望远镜大口径和大视场难以兼得的瓶颈。

在研制 LAMOST 过程中，崔向群院士带领项目组创造出多个世界首次：首次在一块大镜面上同时应用薄变形镜面和拼接镜面主动光学技术(控制镜面面形精度达发丝的数千分之一)；首次实现六角形的主动可变形镜;首次在一个光学系统中同时采用两块大口径拼接镜面;首次应用 4000 根光纤定位技术(同类设备目前仅 640 根))。此外,LAMOST 的 8 米高精度大型地平式跟踪机架、多目标光纤光谱技术、海量数据处理等也均为世界前沿技术。

LAMOS 的研制耗资 2.35 亿元人民币,最高处超过 15 层楼高,看起来貌似导弹发射架,但它的"射程"显然是任何导弹都不可比拟的。LAMOST 创造了大口径兼备大视场光学望远镜的世界之最,成为当前世界上获取天体光谱能力最强大的天文观测设备,将对宇宙起源、星系形成与演化、银河系结构、恒星形成与演化等研究做出重要贡献。崔向群院士当时对新华社记者说:"未来 3 到 5 年,科学家将用它获得 2.4 万平方度范围内 250 万颗恒星、250 万个星系、150 万个亮红星系、100 万个类星体的光谱数据。"

国际天文界对 LAMOST 评价极高,国际著名天文学家、芝加哥大学 D・约克教授自称是 LAMOST 的"粉丝",主动光学发明人、国际著名天文光学专家 R・威尔逊评价说:"LAMOST 包括了望远镜技术的所有方面……它的建成,将中国望远镜研制技术推到了世界前沿的顶峰","LAMOST 的成功,不仅是中国科技界的胜利,也是整个国际天文界的胜利"。美国著名天文学家理查德・埃里斯说:"一架大口径天文望远镜是人类文明进步的最好例子,看到了这个新家伙,我们才知道中国人都做成了什么。"

在 LAMOST 圆满完成的基础上,南京天文光学技术研究所正在对 30－100 米光学/红外望远镜的方案和关键技术进行研究,人们期待着他们创造新的奇迹。

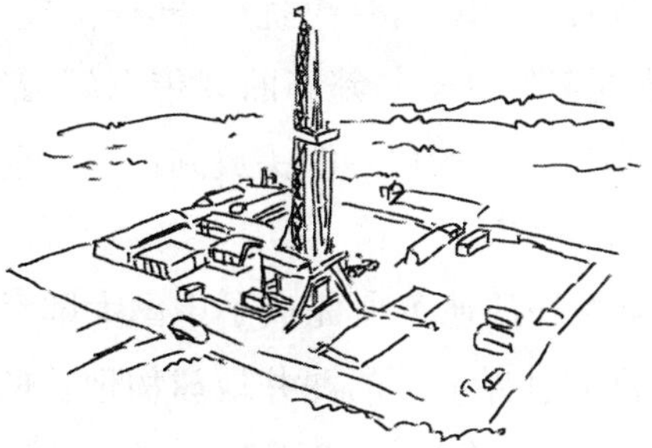

世界最深的地震仪

地震仪是一种监视地震发生、记录地震相关参数的仪器。我国东汉时代的科学家张衡，在公元 132 年就制造了世界上最早的"地震仪"——地动仪。世界性的地震监测仪网络(WWSSN)于 1960 年建立后，地震仪被大规模地投入使用，在 60 多个国家共设立了 120 多台地震仪。

为对地壳活动进行长期科学的观测，中国决定对地球深处进行钻探。2001 年 4 月 18 日，被列为"九五"国家重大科学工程项目的中国大陆科学钻探工程(CCSD-1 井)在江苏省东海县安峰镇毛北村北侧破土动工。CCSD-1 井深度 5158 米，整个工程项目 2007 年 12 月 17 日通过国家发展改革委员会和国土资源部组织的国家验收。

这是继前苏联和德国之后世界上第三个超过 5000 米的专门用于进行地质科学研究的深井，也是全世界穿过造山带最深部位的地质学研究深井。与最深达到 12000 多米的石油探测井不同，该工程是为了研究地球的地质构造与变化，是亚洲第一个深部地质作用长期观测实验基地，以及亚洲第一个大陆科学钻探和地球物理遥测数据信息库、亚洲第一个研究地幔物质的标本岩心馆和配套实验室，使我国超高压变质带和地幔物质研究达到国际领先水平。

选择连云港东海县钻探用于地质学研究的"亚洲第一井"，主要缘于此处适合的地质构造。连云港东海县处于秦岭、大别山超高压变质带上，是南北两大地质板块的碰撞部位，岩性比较单一，受干扰少，同样深度，能较快达到地幔上部。另外，东海位于我国地震多发区——郯庐断裂带东侧，距1668年郯城、虁县大地震震中不太远。如果把探测地震的仪器探头放到地下5公里深处，那就能直接感受地震前期应力改变信息。

以该井为基础，2011年8月，中国地质科学院地质研究所完成了中国大陆科学钻探深井地球物理长期观测站的建设，这是目前世界最深的深井地球物理长期观测站，也是我国第一个无地面干扰的深井地震地球物理长期观测站，其安装在深井中的三分量地震仪、地温测量仪器的感应器设置于主孔井底5158米、3500米、2500米和1500米等4个深度上，成为世界上第一个深度超过5000米的地球物理综合观测仪。这台综合观测仪将发回极具深度的地球内部“密码”，因此成为世界上最深的地震仪。

地理篇

神州第一堤

中国最长的拦海大堤位于连云港市东南方向的连云区内，从连云区的北崮山黄石嘴直达江苏第一大岛——连岛的江家嘴，全长 6688 米，把连岛与陆地相连，被称为“神州第一堤”。

此拦海大堤是经过许多专家、学者近 20 年科学研究、勘察、试验，最后经国务院批准兴建的，目的是更好地建设连云港口，开发海岛，确立东方大港的地位。该大堤 1985 年 3 月 10 日动工兴建，于 1993 年 12 月 8 日胜利合龙。大堤顶宽 12 米，路面净宽 10 米，堤顶＋7 米，顶标高为＋9 米。在这个堤上，又筑有高达 7.8 米高的弧形挡浪堤，以保障大堤安全。

这条拦海大堤的建成，使连云港港口形成了 30 平方公里风平浪静的港池，可供建设上百个泊位，形成亿吨吞吐能力。连云港港已成为中国重要的综合性国际贸易枢纽港，与世界上 160 多个国家和地区的近 1000 多个港口有着密切的通航关系和贸易往来，这条拦海大堤功不可没。

在连云港拦海大堤诞生 13 周年时候，交通部和江苏省在对连云港港总体规划进行审查时，对拦海大堤 13 年来所发挥的“防波、挡沙、防淤”等功用给予了充分肯定。认为拦海大堤极大地减少了连云港港口航道淤积量，节省航道清淤维护费用，为连云港市创造出了难得的深水码头岸线资源。相关部门估算，自 1993 年建成以来，已创造了上百亿元的价值，促使连云港港口向亿吨大港迈进。

高速路密度全国最大的省份

江苏全省面积为10.6万平方公里，其境内的高速公里通车里程尽管不是全国各省区最长的，但却是密度最大的。至2010年，江苏全省高速公路通车里程达4059公里，每百平方公里高速公路密度为3.96公里，位居全国第一，并初步达到世界发达地区高速公路发展水平。

江苏高速公路建设始于1992年，当时中国还在激烈争论“要不要建设高速公路”，江苏省委、省政府便果断决策建设沪宁高速江苏段，并将其定为当时的“一号工程”。经过十八年建设铺就的高速路网，覆盖了江苏省所有省辖市、48个县及重要机场、港口等各个交通要点，全省任何地方开车30分钟，就可进入高速公路，从江苏最北边的徐州到最南边的苏州，驱车可以当日往返。

在中国高速公路建设史上，江苏创造了多项纪录：宁连高速公路宁淮段老山隧道创造了“沿山不开山”的奇迹；“全国示范工程”宁杭高速江苏段，成为全国首条“生态、环保、旅游、景观”四位一体的高速公路；苏通大桥曾创下了最大主跨、最深基础、最高桥塔、最长拉索四项“世界之最”。

至2011年，江苏的高速公路通车里程为4122公里，居全国第五位，河南（5196公里）、广东（5049公里）、河北（4756公里）、山东（4350公里）列前四位；但密度方面，江苏仍居全国各省区首位。根据规划，到2015年，江苏高速公路通车里程将达到5200公里，这个数字将使江苏高速公路密度继续保持全国领先地位。

在直辖市中，上海和天津高速公里的密度分列前两位。

湖泊拥有率全国第一的省份

2006年至2010年，以中科院南京地理与湖泊研究所研究人员为主的我国科学家对全国湖泊进行了第二次调查。通过5年的亲身调查、卫星遥测，除了发现目前中国1平方公里以上的湖泊有2693个，比1980年的2928个减少235个之外，还发现——江苏的湖泊拥有率在全国各省市自治区中位居第一！

何谓湖泊拥有率？就是湖泊的总面积与全省面积之比，全国湖泊拥有率最高的三个省份是江苏、安徽、江西。

江苏省湖泊、河流的水面面积为1.66万平方公里，位居西藏、江西之后，列全国第三，占国土总面积16%左右，拥有率居全国第一。在江苏境内，面积1平方公里以上的湖泊共有119个，50平方公里以上的湖泊12个，其中以太湖、洪泽湖为大。

相比1960年至1980年进行的第一次全国湖泊调查时的情况，第二次全国湖泊调查发现：在三十年间，全国湖泊数量大量减少，有243个面积在1平方公里以上的湖泊消失了。研究人员解释说，其中自然干涸而导致消失的占40%，还有的是经济发展过程中，过度围垦造成的。湖泊数量的减少意味着水资源的减少，自然生态受到了破坏。

江苏的情况也不乐观，在第二次调查中发现，江苏一共消失了1平方公里以上的湖泊11个，包括射阳湖、广洋湖、官塘、下淹湖等，这些地方渔舟唱晚的景象已成旧梦。另外，新疆已消失湖泊 62 个，湖北已消失 55 个，内蒙古 59 个，安徽 10 个，江西 10 个，河北 9 个，湖南 9 个，陕西 4 个，西藏 3 个，黑龙江 3 个，浙江 2 个，青海 2 个，山东 1 个，上海 1 个。

所以，尽管江苏的湖泊拥有率全国第一，面对湖泊数量减少的现状，我们绝不能掉以轻心，应全力保护我们的环境，保护我们赖以生存的水资源！

中国人口密度最大的省份

一般人可能会认为，在全国省和自治区中，台湾省的人口密度应该占据首位，实际上却是江苏省名列第一。

经过对 2010 年进行的全国第六次人口普查数据分析，江苏省统计局发布了：2010 年，江苏全省人口密度达到每平方公里 767 人（台湾省的人口密度是每平方公里 639 人），是全国平均水平的 5.5 倍，居全国各省、自治区之首。与 2000 年全国第五次人口普查相比，每平方公里增加了 55 人。

江苏省地域较小，人口密度较高，多年来一直遥居全国各省、自治区之首。从增长看，从 1990 年人口普查至 2000 年人口普查之间，江苏每平方公里年均增加 6 人；2000 年人口普查至 2010 年人口普查间，每平方公里年均增加 5 人。

全国密度最大的直辖市则是上海，人口密度达到了每平方公里 2588 人。

根据江苏省统计局对外发布的《江苏省 2010 年第六次全国人口普查主要数据公报》，截止 2010 年 11 月 1 日零时，全省常住人口为 78659903 人，比十年前增加 4277094 人，增长 5.75%，年平均增长率为 0.56%。

江苏全省面积为 10.26 万平方公里，占全国总面积的 1.06%。其中平原面积 7.06 万平方公里，水面面积 1.73 万平方公里。海岸线长 954 公里，耕地面积500.84万公顷。有分析认为，对江苏这样一个地域面积小、人口基数大、自然资源短缺的省份来讲，较高的人口密度对经济、社会、资源、环境的可持续发展都将带来越来越大的压力。

从各市的人口总量来看，江苏 13 个省辖市的人口数量均比 2000 年时有不同程度的增长，但人口数量排序与 2000 年人口普查时的位次没有发生任何变化，前三甲也仍是苏州第一，徐州第二，南京第三。

下表为江苏 13 个省辖市人口数据：

两次普查江苏人口数据对比

地区	人口数(人)		占全省比重(%)	
	2000 年	2010 年	2000 年	2010 年
全省合计	74382809	78659903	100	100
南京市	757 万	8004680	8.39	10.18
无锡市	603 万	6372624	6.96	8.10
徐州市	812 万	8580500	12.20	10.91
常州市	434 万	4591972	5.17	5.84
苏州市	989 万	10465994	9.30	13.30
南通市	689 万	7282835	10.29	9.26
连云港市	416 万	4393914	6.26	5.59
淮安市	454 万	4799889	6.90	6.10
盐城市	687 万	7260240	10.88	9.23
扬州市	422 万	4459760	6.28	5.67
镇江市	295 万	3113384	3.89	3.96
泰州市	437 万	4618558	6.55	5.87
宿迁市	446 万	4715553	6.93	5.99

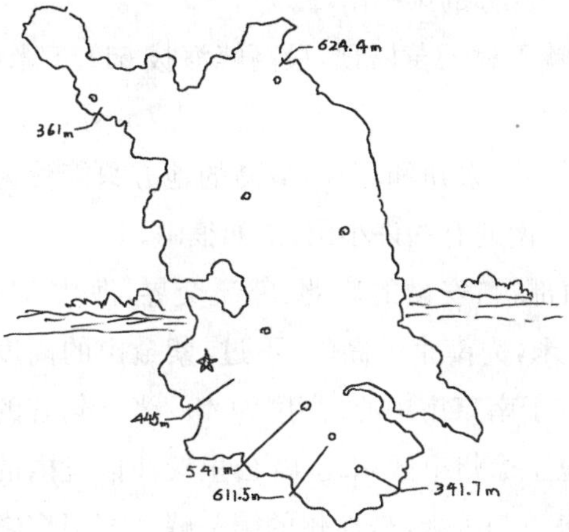

中国地势最低平的省

江苏是全国地势最低平的省，绝大部分地区在海拔 50 米以下，平原与河流湖泊约占全省面积的大部，其余为低山丘陵。低山丘陵集中在北部和西南部，占全省总面积的 14.3%，主要有老山山脉、宁镇山脉、茅山山脉、宜溧山脉、云台山脉。从政区上分，山地主要集中在徐州—连云港（山东丘陵的南延），以及南京—镇江、宜兴—溧阳一带。江苏全省面积 10.26 万平方公里（占全国总面积的 1.06%），其中平原面积 7.06 万平方公里，水面面积 1.73 万平方公里。学者在地理上大致用两种划分方法，对江苏进行了地理划分，有人简单地将江苏划分为两个平原：苏北的黄淮平原（属华北平原）、长江三角洲的一部分。另一种划分方法更为细致，将江苏划分为苏南平原、江淮平原、黄淮平原和东部滨海平原。其间，点缀着我国的五大淡水湖中的太湖和洪泽湖。无论如何划分，都不可改变江苏地势平坦、平原辽阔的事实。

既然江苏是全国地势最低的省区，那我们先去找找一找她地势最低洼的地方吧，当然，海滨除外，因为毫无疑问那里与海平面最为接近。地理学者们在苏中的里下河地区发现了江苏最低洼的所在，这里地势四周高，中间低，低到什么程度呢？中心海拔不足 2 米，俗称锅底！

那么，江苏最高点在哪里呢？

在连云港的云台山，根据江苏测绘局 2006 年的测量，其主峰玉女峰(别名花果山)高度为海拔 624.4 米,是江苏的第一高峰。

江苏第二高峰,是无锡宜兴市张渚镇岭下村的黄塔顶,最高峰海拔 611.5 米,该山是苏南山区第一高峰。

整个苏中都没有山,包括盐城、淮阴、扬州、泰州和宿迁,最高的地方只能称为“土包”,如扬州的观音山海拔约六十余米。南通有些许小山,诸如狼山。

常州最高的山是锅底山,位于溧阳南部,与安徽的广德、郎溪交界,海拔 541 米。紫金山,其最高峰头陀岭海拔 448.9 米,为南京最高峰;不过,紫金山的高度被 2010 年建造的紫峰大厦超过,该大厦位于南京市中心,高度为 450 米。句容的大华山,海拔 445 米,是镇江的最高峰。位于徐州市区东北 40 公里贾汪区境内的大洞山(别名茱萸山、九十九顶莲花山),海拔 361 米,是徐州的第一峰。苏州穹隆山箬帽峰,海拔 341.7 米,为苏州的最高峰。

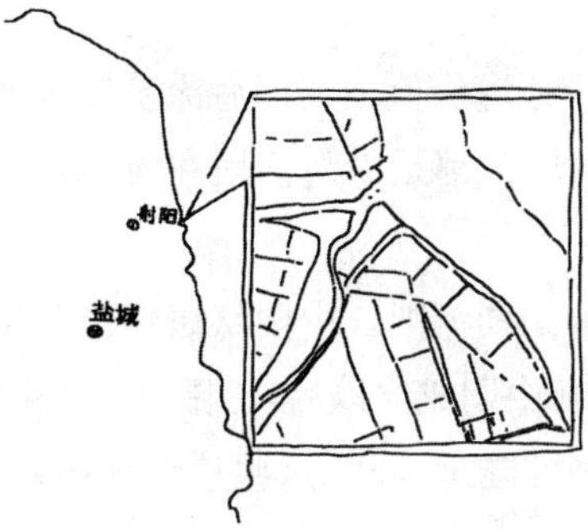

中国最宽的海涂

江苏盐城市射阳河口以南的海涂(海岸滩涂)宽达25至30公里,是全国最宽的海涂。盐城市海涂面积达3500多平方公里,在全国同级地区为最大。

可别小看海涂,它可是一个不断扩大中的宝藏哦。在平原海岸的边缘地区,我们会发现一些由泥沙构成的海岸滩涂,这就是海涂。它是海水平均高潮线与平均低潮线之间的地带,在涨潮时被海水淹没,退潮时露出水面。这类滩涂的泥沙比较粘细,呈粥状或粉糊状,而且滩面较平整,和缓地向海面微微倾斜。我国沿海海涂一般宽达数公里至十几公里,以射阳河口之南的海涂位最宽,达到25至30公里。

海涂的形成,主要是海潮不断运来泥沙堆积在岸边,使海岸扩展的结果。也就是说,海涂的生长,要依靠两个因素,一个是泥沙,一个是潮流。没有泥沙补给,海涂就不可能生长。显然,潮流来自大海,那么,泥沙来自哪里呢?看看全世界吧,凡是有大面积海涂的地区,一定是有大河由附近入海的,就是它们带来了源源不绝的泥沙。世界的恒河三角洲、尼罗河三角洲莫不如此。在我国,海涂面积较大的地区也主要分布在长江、黄河、珠江、海河等大河入海处。潮起潮落,潮水将大江大河冲进大海的泥沙又推到岸边,于是,日复一日、年复一年,海涂就越长越大。中国的河流每年入海泥沙达20余亿吨,大部分沉积在河口海岸,一些岸线的岸段每年向外延伸数十至数百米。

海涂具有很大的利用价值，尤其具有非常大的经济价值。利用海涂发展水产养殖业为沿海各国所重视，我们吃的海带、紫菜、贝类，都是沿海渔民在海涂上养殖的。

除了养种生物，大家一定还知道"围海造田"这个词汇吧。中国从唐代已开始较大规模的围垦，将海涂变成良田。而在1949年新中国成立以后，已围垦了53.6万公顷海涂。"围海造田"形成的土地，扩大了我国的陆地面积，这些地在种植业、海水养殖业大显身手的同时，也被工业所用，如晒盐、石油钻探等。

据国家海洋局调查，中国现有滩涂资源217万余公顷，其中渤海沿岸占31.3%，南黄海沿岸占26.8%，东海沿岸占25.6%，南海沿岸占16.3%。当前，中国已利用的滩涂面积尚不足滩涂资源总面积的1/5，存在着巨大的开发利用潜力。但是，开发海涂也不是越多越好，如果将我国的海涂都围填起来变成土地，不仅对近岸渔业资源造成毁灭性的打击，对区域生态、气候等环境影响也是难以估量的，必须小心而为。

中国唯一四条人工运河流经的地级市

举凡全国，四条大型运河通过一个地级市地界的，只有江苏淮安市一个。

是哪四条运河？答案是：里运河（即古京杭大运河）、盐河、新中国建立之后挖凿的大运河和苏北灌溉总渠。

先说里运河，里运河最早可追溯至公元前 486 年开凿的邗沟（古代京杭大运河的始祖），不过今天的河段应是明清两代修造的。

盐河，有 1300 多年的历史，因明清两代用于盐运而得名。根据陆岗先生的研究，盐河可上溯至唐代垂拱四年（688 年）开凿的漕河，又名官河。原自沂州起，至涟水城东三里入淮河。今天的盐河，西起淮阴区杨庄盐河闸，经淮阴、涟水、灌南、灌云、连云港入海，全长 155.3 公里，国家投资将其建成三级航道。

京杭大运河，现京杭大运河淮安段，西起淮阴船闸，东至苏北灌溉总渠，全长 18.94 公里，于 1959 年开挖并竣工，是可供两千吨级船只行驶的二级航道。

苏北灌溉总渠，位于淮河下游江苏省北部，西起洪泽湖边的高良涧，流经洪泽、清浦、淮安、阜宁、射阳，滨海等六县（区），东至扁担港口入海的大型人工河道，全长 168 公里。它既是淮河排洪入海出路之一，又是引洪泽湖水发展废黄河以南地区灌溉，并辅助总渠北部地区排涝及兼有航运、发电等多功能的河道。这项工程于1951年冬开工，次年春完成。

这四条人工河流，使淮安成为运河之城，同时带来了多项世界、亚洲和中国第一的纪录。

比如世界第一座复式船闸，这座北宋时期建于京杭大运河今淮安境内上的复式船闸，早于欧洲400年，充分展现了中国劳动人民的聪明才智。只是由于大运河的变迁，惜已不存。还有，古代大运河使用了世界上最早的斜面升船机，其中位于淮安段的瓜洲堰使用的斜面升船机最大，以22头牛作为升船动力，实现长江中的航船进入苏北运河。再如，古京杭大运河保存最为完整的古闸，此闸建于明代永乐年间(1415年)，闸身长千余米，青石垒砌而成，异常坚固。

现今亚洲最大的“水立交”也在淮安，就是淮河入海水道和京杭大运河的交汇点，上槽下洞式“水立交”，上部是京杭大运河渡槽，宽80米；下部是由15孔涵洞组成的淮河入海水道，泄洪能力为2270立方米/秒。

来到这个“水立交”，你可听得见运河之下的淮河水正在奔向海洋？

世界最大的麋鹿自然保护区

麋鹿，又名四不像，因为它头脸像马、角像鹿、颈像骆驼、尾像驴。它们原产中国，在中国生活了两百多万年，商朝时代最为人们所熟知，是传说中姜子牙的坐骑，但却还有个洋名字——彼得·大卫神父鹿。

19世纪末，西方列强欺辱中国正甚。1865年的一天，北京南苑皇家猎苑养着的世上最后一群麋鹿，被这个彼得·大卫的法国传教士看见了。大卫神父便用20两银子行贿，从看守那里弄到一副鹿角和一张鹿皮。一年后，大卫因发现麋鹿这个“新物种”而名播西方。之后，一些麋鹿被运往欧洲。1900年，八国联军劫掠北京，皇家猎苑毁于战乱。1920年，中国大地上最后一头麋鹿死亡，直到1985年英国乌邦寺公园塔维斯托克侯爵将22头麋鹿送还给中国北京，麋鹿才重新在故乡生息繁衍。

根据中英两国政府签订的“麋鹿重新引进中国协议”，1986年8月，在世界自然基金会和我国林业部的努力下，又有39头选自英国七家动物园的麋鹿重返故乡，其中雄性13头，雌性26头。这次选定位于江苏省中部、黄海之滨，分布着大片林地、草荒地、沼泽地和自然水面的大丰作为麋鹿的栖息地。因为麋鹿虽曾广泛分布于中国东部及中部地区的长江南北，但主要分布中心仍在长江三角洲的沿海地区。它们十分喜爱温暖湿润的沼泽水域，甚至喜欢接触海水，衔食海藻。

经过二十多年的努力，江苏大丰麋鹿国家级自然保护区的麋鹿已经从当初的39头繁衍到2011年7月的1618头；并且成功地实现了野放，野生麋鹿基础群已经超过150头，并逐步摆脱野生麋鹿生存的危险期。保护区的面积也扩大到占地117万亩（核心区4万亩）。在这其间，其他国家的麋鹿数量没有明显变化，而大丰的麋鹿种群已经实现量的突破，麋鹿这个物种也从濒危"红皮书"中退出，被列为珍稀动物，这是麋鹿保护过程中的一座历史性的里程碑。

大丰麋鹿自然保护区是我国最大的麋鹿保护区，也是世界上最大的麋鹿保护区。湖北石首则是第二大的麋鹿自然保护区，这个保护区占地23500亩，地处长江天鹅洲故道边，属典型的近代河流相冲积、洪积和堆积形成的洲滩平源，地势低平，海拔在35米左右。区内土壤肥沃，水质良好，牧草丰盛，分布有广阔的芦苇沼泽湿地。1993年和1994年分两批从北京麋鹿苑引进麋鹿64头，十多年来，麋鹿在保护区内全部实现自然放养，恢复了野生习性，种群数量发展到了近千头，成为全球最大的野生麋鹿种群。

若去大丰，看着天苍苍野茫茫的湿地，听着呦呦鹿鸣，一定会有心旷神怡的感觉吧！

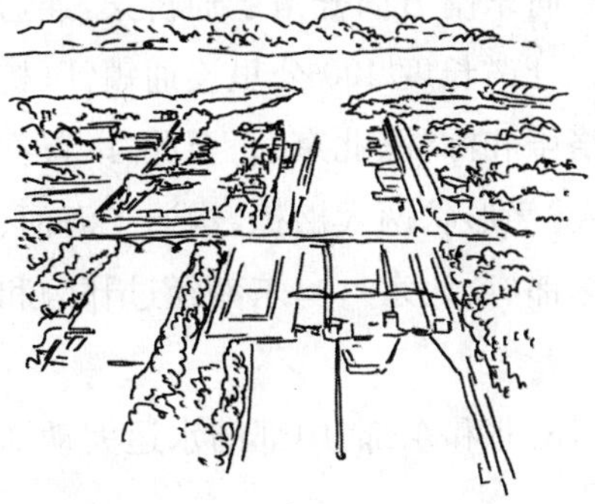

世界最长运河的最初起点

种种研究表明，京杭大运河并非我国最早的运河，但它是中国和世界最长的运河，也是世界最古老的运河之一却无可争议。因为是最古老的运河之一，它和万里长城并称为我国古代的两项伟大工程，闻名于世。

京杭大运河北起北京，南至杭州，经北京、天津两市及河北、山东、江苏、浙江四省，沟通海河、黄河、淮河、长江、钱塘江五大水系。全长1794公里。目前，京杭运河的通航里程为1442公里，其中全年通航里程为877公里，主要分布在黄河以南的山东、江苏和浙江三省。

这条给中国人带来无尽福祉的大运河的原始“起点”在江苏扬州！早在几乎2500年前——公元前486年，吴国为北伐齐国争霸中原，在现今的江苏扬州附近修筑邗城，并开凿了一条沟通长江和淮河的运河——邗沟。目前的扬州邗江区，就因邗城而得名。在邗沟的基础上，经过不断向北向南发展、延长，尤其是隋朝和元朝两次大规模的扩建和完备，形成了今日京杭大运河的规模和最终走向。

人们今天概述认为：大运河开掘于春秋时期，完成于隋朝，繁荣于唐宋，取直于元代，疏通于明清……但是，决定性的开凿归于隋炀帝。

隋代先定都西安，隋炀帝杨广605年力排众议，决定实施两大工程，一是迁都洛阳，二是修建大运河。在“总工程师”宇文恺的主持下，征夫五百万，前后历时六年，以洛阳为中心，向东南方向开凿了通济渠，连通了洛阳与淮河，同时派遣十万民工疏浚邗沟，后又开凿长度400公里连通镇江、杭州的江南河；向东北方向开凿了永济渠，连通了洛阳和涿郡（北京）。至此，以首都洛阳为中心，隋代大运河以通济渠、永济渠为“人”字形状两大撇捺，沟通了海河、黄河、淮河、长江、钱塘江五大河流；向东北通达涿郡（今北京），向东南经过邗沟和江南河，航行1700公里可抵达余杭（今杭州）。

隋代大运河主航道全长2700公里，沟通中国南北和东部、中部的水运大动脉已然形成。

民间传说中隋炀帝杨广骄奢淫逸，为了看琼花三下扬州而开凿洛阳至江都（扬州）的运河，实则隋炀帝是为了南粮北运和更好地控制大江南北乃至整个国家。

短命的隋朝之后，大唐帝国畅快淋漓地使用这条造福百姓和朝廷的大运河。武则天时代，对大运河的洛阳码头有这样的描述：“天下舟船所集，常万余艘，填河路，商旅贸易，车马填塞。”“半天下之财赋，悉由此路而进。”

元代定都大都（北京）。国家政治、经济中心由中原向北方转移，航运的中心也由洛阳转到了北京，元代对大运河进行了裁弯取直的“大改道”，大运河的走势几乎是由北京向杭州垂直向南，至公元1293年全线通航，较隋代大运河缩短航运里程900公里，京杭大运河大势确立。

以后各代大都对大运河进行了修缮，但无论如何，扬州都是大运河不可回避的要道。2011年12月16日，扬州施桥三线船闸竣工，这是迄今为止京杭大运河上最大的船闸。

经济篇

中国乡镇企业『第一厂』

五十年前，谁能想到今天中国农民三分之一以上的收入来自乡镇企业？谁能想到，中国的乡镇企业日后会如此兴旺，成为农村经济的主体力量、国民经济的重要支柱，并决定性地推动了中国城市化进程？谁又能想到，这个国民经济的重要支柱竟起源于江苏无锡的一个小小村庄?!

这个村庄最初叫祁席村，后更名为春雷村，位于今天的无锡市锡山区东亭镇。1955 年的无锡与“江南水乡”的称呼当然比现在更为贴切，那时，河流比现在多，比现在密，人们出行更多的是依靠船而不是汽车。因此，造船的小作坊很多。1955 年祁席村还是初级公社的时候，当地的一些小作坊聚到一起，办起了一个无名小厂。1956 年 2 月，这个村在我国江南办起了第一个农业高级合作社——取“春雷一声天下晓”之意命名为春雷，祁席村的名字从此消失，也是从此，这家无名小工厂成为了春雷造船厂。

《无锡日报》记者衡松三十多年后回顾了当年的情况：对于农业合作社是不是应该办造船厂？这在当时议论颇多，当时的农业部长廖鲁言恰好下乡视察工作，来到这个“江南第一社”，对春雷农业合作社兼办工副业项目给予充分肯定。这无异于得到了一种来自上层的表态，为此，无锡县委、县政府将之在全县进行推广。

船厂办起来以后，主要为本村、本乡和邻近乡村修理养护船只。后来由于技术力量较强，又根据工人的专长形成专业分工，劳动生产率得到提高，城区船厂和航运公司的一些船只修理、建造也放到了春雷厂。业务扩展了，船厂一度在维新漂染厂附近的黄泥头设立分厂，不久又在无锡江阴巷设立办事处，接洽联系修船业务，就这样，船厂的经营越做越旺。

据原无锡县经济委员会主任苏人回忆，在上世纪六十年代，春雷村在无锡创下很多第一：首先在工厂工作的村民比例最高，全村3000多村民，有300多人务工；其次收入最高，工业收入占全村总收入40%，每户平均收入1000多元；村里只有存款，没有欠款，最早实现了全村家家亮电灯、家家用拖拉机耕地、人人享受合作医疗……而春雷最兴旺的时候是七八十年代，一年净利润要三十几万元，靠着春雷厂的资金积累，春雷村兴办了农机厂、皮件厂等多个乡镇企业。

周边的村落，看着春雷村办企业致了富，也开始跃跃欲试。而在上世纪六十年代，苏锡常很多乡村都办起了自己的工厂，大家现在熟知的红豆集团、华西村都在其列。到1978年，江苏的乡镇企业，也就是当时的社队工业总产值已达到63亿元，占了全省工业总产值的近20%。从1976至1986年的11年间，苏州、无锡、常州三市乡镇工业总产值猛增了17倍。

进入上世纪九十年代，由于公路运输的崛起，陆运取代了水运，春雷造船厂结束辉煌历史走了下坡路。2008年8月15日，国家级主题类遗址博物馆“中国乡镇企业博物馆”在春雷造船厂旧址上正式开建，2010年7月28日正式开馆。春雷造船厂也被列为江苏省省级文物保护单位。

全国首家乡镇企业工会

1984年6月，全国首个乡镇企业工会——堰桥乡的橡胶厂工会成立，从而历史性地拉开工会进入我国农村的序幕，开创了中国乡镇工会的新纪元，中国工运事业也由此翻开篷勃发展的崭新一页。

堰桥乡当时隶属无锡县。改革开放后，无锡县乡镇企业蓬勃发展，成为全国乡镇企业大规模兴起的主要发源地，连续多年被誉为“华夏第一县”（现无锡县已撤销，其辖境分为三个部分——锡山区、惠山区和滨湖区）。

1984年初，无锡县总工会一班人在深入全县8个镇、41个乡镇企业调查的基础上，顺应社会发展潮流，解放思想，大胆突破，在全国率先探索乡镇企业组建工会工作。他们选择率先实行“一包三改”（实行经理、厂长为主的经济承包责任制，改干部任免制为选聘用制，改工人录用制为合同制，改固定工资制为浮动工资制）的堰桥乡进行组建乡镇企业工会和乡镇工会的试点，于1984年6月成立全国首个乡镇企业工会——堰桥乡的橡胶厂工会，1984年8月成立江苏省第一个乡级工会——堰桥乡工会。

乡镇企业工会的组建，不仅推动了乡镇企业、乡镇经济的发展和乡镇企业职工队伍的建设，较好地维护乡镇企业职工的合法权益，同时，其示范效应和探索的经验还推动了在当时刚刚兴起的中外合资企业、私营企业等新经济领域开展工会工作。

乡镇企业组建工会是工人运动的新课题，作为全国首家乡镇企业工会，堰桥乡的橡胶厂工会成为当时的典型和标兵，引起国内外各方关注。1985至1990年，全国有23个省(市)、70多个县(市)的近千名干部前来无锡县参观和交流乡镇企业工会工作经验。世界工联、日本、越南、墨西哥、加拿大等外国工会和国际友人也曾到无锡县考察乡镇企业工会。1993年9月，全国总工会在无锡召开首次全国乡镇企业工会工作会议上，无锡县“加强乡镇企业工会建设，加快全县工业化进程”等经验进行了重点介绍和推广，并载入《中国工运史》。

堰桥乡如今已变成堰桥街道，但其工会多年来继续积极为广大职工办实事、解难事、做好事，及时反映他们的意见和呼声，努力维护他们的合法权益，使工会组织得到了迅猛发展，截止2011年9月，全街道工会组织已达1140家，工会会员总数为36246人，女职工会员16819人。动态组建率和动态入会率均在98%。整个无锡市乡镇工会覆盖率也在2010年达到了百分之百。

中国最大的银杏产地

如果你在日本、法国或美国看到金黄的银杏树将浓郁的秋意洒下，千万别说“外国的月亮比中国的圆”，因为诞生于3.45亿年前的“植物活化石”银杏，只有中国的银杏树战胜了50万年前的第四纪冰川，而欧美的统统死光，所以，当今世界无论哪里的银杏树，其祖先都来自中国。

银杏树的果实称为银杏，又名白果，属于干果类，其经济结果年限可达数千年之久，据说山东郯城的一颗银杏树已有四千多岁，每年仍果实累累。银杏药用价值很高，不仅果实，银杏树叶的药用价值也很高。银杏在宋代被列为皇家贡品，《本草纲目》将其作为治疗肺部疾患的良药和杀毒的佳品，一些日本人有每日食用白果的习惯，而一些西方人过圣诞节必备白果。银杏树抗病虫害，被公认为无公害的种树，是观赏绿化最理想树种。目前还被大量用于城市绿化。

我国人工种植银杏的历史至少长达千年之久。早先种植银杏生长缓慢，一般要20多年才能结果（雄树开花、雌株结果），并且产量低。但如今人们通过嫁接等技术已使银杏早日丰产，嫁接树三五年即可结果。

于是，从上世纪八十年代起，中国许多地方大面积种有银杏树，从广东韶关南雄市，到山东省郯城县新村乡，从广西兴安到江苏的泰兴，尤其在山东、江苏、四川、河北、湖北、河南等地广有种植，出现了多个银杏之乡。

但银杏的最大的产区在江苏泰兴，其银杏果实的产量约占到全国的三分之一，古银杏树、银杏定植数、银杏产量、银杏品质也均居中国之冠。泰兴全市拥有定植嫁接银杏树630万株，百年以上银杏树6186株，千年以上的古银杏树12株；常年银杏产量4000多吨。泰兴大佛指白果以“果大、壳薄、仁饱满、浆水足、储存期长”享誉海内外，“泰兴白果”证明商标是中国唯一的银杏证明商标。

山东省郯城县新村乡有“天下银杏第一乡”之称，而泰兴有“银杏第一市”的美誉——1995年6月，全国人大常委会副委员长田纪云，欣然为泰兴市题词“银杏第一市”。

除了泰兴，江苏另一大银杏产区是徐州的邳州市，该市以铁富镇为主，种植了大面积的银杏，产量达到了全国的十分之一。邳州将银杏产品大量用于医药方面，银叶产量约占全国的60%。银杏酮生产能力占全国总量的80%，这些产品制成药物之后对治疗心脑血管疾病具有良好疗效。最兴盛的时候，曾有“世界银杏看中国，中国银杏看江苏，江苏银杏看邳州，邳州银杏看铁富”的说法。

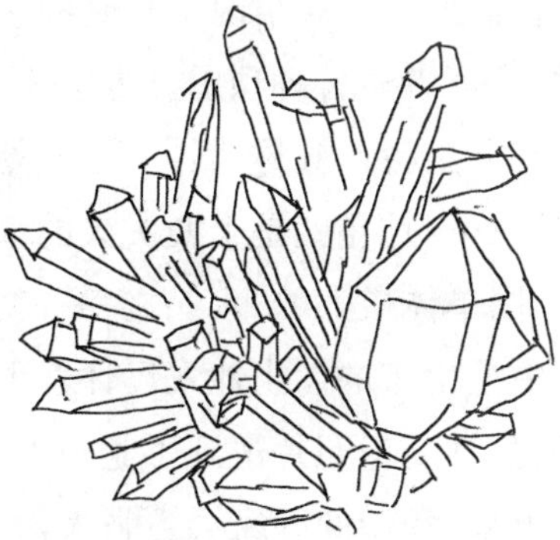

中国水晶第一县

当你对一串晶莹剔透的水晶珠链着迷的时候，可会想到它产自哪里呢？呵呵，它很有可能产自江苏省连云港市东海县，因为东海县素有“水晶之乡”美誉，是我国水晶最重要产区，年产500多吨，占全国产量的一半，其他产地只能望其项背。

东海县的水晶，含硅量高，杂质少，性软，易溶化，其质量亦居全国之首。

东海县水晶以白色为主，但切莫以为水晶只有白色，在东海县，你还可以找到烟、茶、黄、粉红和紫等诸色的水晶。如果晶体内含有毛发状物，这种水晶人们一般称其为“发晶”；如果含草木状物，则成为“草木晶”；有的水晶中间含水珠状物，被称为“水胆晶”。

和宝石相比，水晶虽然不昂贵，但却是一种稀有的天然矿物，除了能雕琢成饰物、工艺品，制成上好的眼镜片，还是生产石英玻璃、电子材料的优质原料。

那么东海县的水晶矿藏是如何形成的呢？地矿专家研究说，距今几千万年前，东海县一带还是大海，后来海水东退，露出地面的山岗在风雨的剥蚀下被削平。地球造山运动时形成富含石英矿脉的溶洞中，生成了不少水晶矿体，在地壳变动、水流的冲击下，质地比较软的泥沙被水冲走，剩下坚硬的水晶被泥沙埋入地下，于是就形成了东海的水晶矿。

既然是稀有的矿藏，你就不能相信东海县的地下到处是水晶的说法。要想挖到个儿大的较好的水晶，运气很重要。当地人一般情况下挖到的多是些含有杂质、块头很小的水晶“粒子”，但这些“粒子”可以做各种项链。专家说，东海水晶按其贮存状态可分为原生矿和次生砂矿，其分布特点被称为：“星星到处有，月亮难得见”，这里所说的星星就是小小的水晶粒子，月亮就是个儿头大的水晶。现存于北京地质博物馆的一块重约 3.5 吨的中国单体最大的“水晶之王”，就是 1958 年在东海县的房山乡柘塘村被农民从砂矿中挖出来的。当地农民怀着无限崇敬要把这件稀世珍宝献给党中央毛主席。东海县县委把照片送到了党中央，毛泽东主席听说后非常高兴：“这些宝藏一旦开发出来，我们的国家会更强大，人民会更富裕。”毛泽东主席和周恩来总理批示：直接将其送往中国地质博物馆收藏展览。

中国第一个私营企业数量突破百万的省份

江苏私营企业数量自 2001 年超过广东之后，连续蝉联全国第一，至今未改！根据江苏省工商局统计，截至 2010 年底，江苏省私营企业数量突破百万大关，达 1048108 户，成为全国第一个私营企业数量过百万的省份。

江苏的私营企业注册资本已经超过 2.5 万亿元，实力越来越强大，私营经济已成为支撑江苏全省经济社会发展的“半壁江山”。在 2011 年全国民营企业 500 强中，江苏有 118 家企业入围，入围数继续位列全国第二，第一是浙江(144 家)。江苏入围企业的营业总收入已达 19082.46 亿元，占全国 500 强营业总收入的 27.32%；江苏入围企业资产总额已达 13454 亿元，占 500 强资产总额的 22.87%。这两项指标的绝对值和占比，均列全国第一。这两组数字说明江苏规模民企的户均规模已牢牢占据全国第一。

下面几个数据也说明了江苏私营企业强大的实力：

在 2011 年全国民营企业 500 强中，排名前 100 家企业中江苏就有 25 家，其中“千亿俱乐部”的 4 个席位中，江苏的沙钢集团和苏宁电器就占据了两席。

全国民营企业 500 强是按照企业的营业收入总额来排定位次的，2011 年列第一位的是华为技术有限公司(广东)，营业收入是

1851.76亿元；第二位是江苏沙钢集团有限公司，营业收入是1786.24亿元；第三位是苏宁电器集团（江苏），营业收入是1562.23亿元；第四位是联想控股有限公司，营业收入是1466.97亿元；第五位是大连万达集团股份有限公司（辽宁），营业收入是771.77亿元。

在2011年全国民营企业500强中，纳税方面：沙钢以纳税总额44.16亿元位列第六，苏宁电器以纳税43.81亿元位居第七。就业方面：苏宁电器以15万员工位列第二，雨润集团、南通二建分别以10万、7.8万员工就业排名第六和第七位。

回想当年，不由得不让人感叹！沙钢集团建立于1975年，当时只不过是由锦丰轧花剥绒厂（现名张家港市锦丰轧花剥绒有限公司）用45万元自筹资金建办的小型轧钢车间。而苏宁电器集团1990年创办时，仅是个卖空调的商店，门脸不大，不过是位于南京宁海路上的一座长度一二十米的小二楼。

中国首个GDP超过2000亿的县级市

中苏苏州昆山市在2010年国民生产总值（GDP）达到2100.28亿元，成为全国首个GDP跨越2000亿元大关的县级市，并超过了国内近一半的省会城市。

实现外向型经济转变，是昆山飞速发展的最重要的原因。

改革开放之前，昆山是一个人口50万、面积仅有927平方公里的农业小县，经过20多年的跨越式的发展，已经化身为一座以电子工业为主的外向型现代化工商城市，全球半数笔记本电脑出自于此。

昆山的发展首先抓住了比邻上海的地利，上世纪八十年代初，果断地接受上海辐射，实现从农业转工业的起步和外向型经济的萌发。进入九十年代，又借上海浦东开发的机遇，实施外向带动战略，外向型经济突飞猛进，形成了电子信息、精密机械、精细化工和民生用品四大主导产业。

起步阶段的步伐似乎很小，1984年，昆山首个三资企业注册外资只有78万美元，但这个今天看起来很小的数字，却打开了一个广阔的世界。1985年，昆山经济技术开发区成立，成功引进全省第一家合资企业、第一家独资企业，经济实现了“内转外”，昆山外向型经济由此起步。

如今，昆山早已是以台资企业为主导，民营企业大发展的城市，台资企业把在大陆地区投资额的九分之一投向了这里。2011年，昆山市的工业总产值达到8000亿元，其中百分之六十是台资企业的贡献。大量台湾人士居住和生活在这里，以至于昆山有“小台北”之称。

在国家统计局、福布斯等机构的历次各种全国百强县排名中，昆山均名列前茅。可以预料，这种情形不会改变。2011年昆山全市完成GDP达2530亿元（按常住人口164万计算，人均GDP相当于23000美元），财政收入达到600亿元，继续傲视群雄。

也许怀疑论者会质疑昆山的GDP是不是以消耗能源为代价，告诉大家一个数字：昆山每万元GDP消耗的能源只相当于全国平均值的54%，并且仍在努力节能减排。

不要说昆山没文化，中国的“百戏之母”昆曲，就源于昆山。也不要说昆山没有历史，昆山自秦代设县，到南朝时期便以昆山为名。更不要说昆山没品位，周庄就在昆山境内。还有，很多人知道的历史名人顾炎武，也正是昆山人！

中国制造的第一艘轮船

在明代，南京是郑和下西洋所用的“宝船”制造基地，代表着当时世界最高造船水平。1861 年秋冬之交，曾国藩开始着手建立中国近代第一座兵工厂——安庆内军械所，并筹办造船事宜。他通过江苏巡抚薛焕的访求，在无锡发现了徐寿和华蘅芳等人才，招赴安庆。

徐寿是个奇人！中国近代船舶制造史是由他开始书写的。正是这个农村的能工巧匠，一个在农闲日子造农具的工匠，凭借自学成才，和他的儿子徐建寅，以及华蘅芳等，书写了中国近代造船军事工业、机械制造业的历史。钱伟长称他为“中国近代科学先驱”。

1862 年 3 月徐寿等抵达安庆，由他领衔，以及华蘅芳、吴嘉廉、龚芸棠、徐建寅，开始中国第一艘轮船的研制工作。学者赵敏对中国近代第一船的研制工作有深入研究：

凭借徐寿等人高超的手工技艺，经过三个月的奋战，完全由中国人自己制造的第一台蒸汽机终于研制成功。该机以锌合金制造，汽缸直径 1.7 寸，引擎转速每分钟 240 转，从所制造出的蒸汽机的结构来看，它与当时世界先进水平的往复式蒸汽机相差无几。

曾国藩非常满意，决定开始制造一艘实验性的小型蒸汽轮船。1863 年 11 月开始，小火轮很快初步造成，长约二丈八九尺，暗轮式蒸汽机船。第一次试航，小火轮仅行驶一华里就停下来了；1864 年 1 月 28 日，小火轮再次试航获得了圆满成功。同年，曾国藩率军攻陷南京，平定太平天国，将安庆内军械所搬迁至南京。徐寿等人继续轮船的研制。根据小火轮船试制的经验教训，大轮船采用明轮推进，并改低压蒸汽机为高压蒸汽机。1865 年，我国自行研制的第一艘机动轮船终于大功告成。

该船试航于扬子江，在不到 14 小时内逆流行驶了 225 里，时速约 16 里；而返回时顺流仅用了 8 小时，时速约 28 里。当曾国藩长子曾纪泽去北方省父时，这艘轮船将他的坐船拖至高邮，他对轮船的性能甚为满意，遂将轮船命名为“黄鹄”号。“黄鹄”号载重 25 吨，长 55 尺，船体为木壳。轮船所用材料除了用于主轴、锅炉及汽缸配件的钢铁购自外洋，其它一切器材，包括“雌雄螺旋、螺丝钉、活塞、气压计等，均由徐氏父子之亲自监制，并无外洋模型及外人之助”。

徐寿为我国自行设计建造的第一艘轮船“黄鹄”号和自行设计制造的第一台高压蒸汽机，在我国的制造技术发展历程中具有划时代的意义，揭开了中国近代船舶工业发展的帷幕。中国自行制造蒸汽机的产生和应用，改变了我国手工作坊生产方式，我国机器生产从此开始，而机器生产是近代工业的主要标志。

“黄鹄”轮船建造成功，轰动全国，同治皇帝御赐一块“天下第一巧匠”匾额。徐寿认为自己的技能是向西方学来的，不能称为“天下第一”，因而没有悬挂，也没有以此炫耀。次年，徐寿、徐建寅父子奉调江南制造总局参与创办事宜，徐寿首任襄办，总理局务。

1868 年 8 月，徐寿父子设计的中国第一艘明轮兵船建成，这也是我国第一艘自己制造的近代军舰。该船为木质明轮，长 185 英尺，宽 27.2 英尺，吃水 8 英尺许，载重 600 吨，配炮 9 门，航速约 9 节。此船在大小、航速及建造周期上都较“黄鹄”号有了明显改进。

此后，徐寿父子与华蘅芳等，1869—1973 年陆续建造了“操江”、“测海”、“威靖”、“海安”等暗轮兵船。其中“海安”号兵船，载重 2800 吨，马力 1800 匹，配炮 26 门，可载兵 500，航速 12 节，是当时国产木壳蒸汽军舰中最大的一艘。由“恬吉”号到“海安”号，船只一条比一条吨位大、技术精、装备全，我国的造船技术有了新的飞跃。

在生命的最后十七年，徐寿的主要工作就是在他创办的江南制造总局翻译馆与英国人傅兰雅合作翻译西方科技著作，译著达三十多种，250 多万字，直至其去世。其译著中有大量的化学专业著作，徐寿亦被称为我国近代化学的启蒙者。

徐寿，生于 1818 年 2 月 26 日，逝于 1884 年 9 月 24 日，字生元，号雪村。是一位穷尽一生，实践着“师夷之长技以制夷”的爱国者。

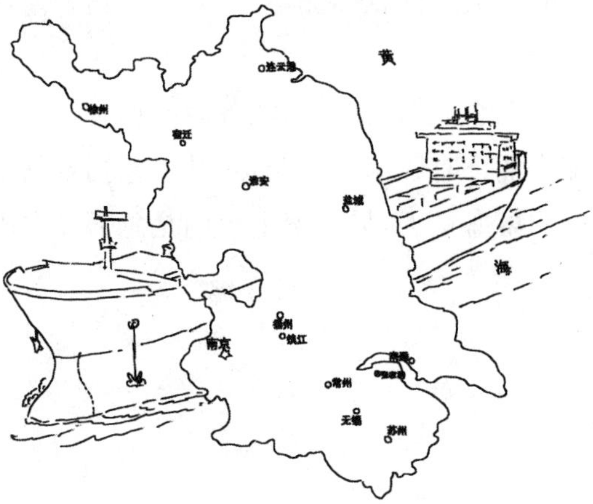

中国第一造船大省

尽管中国与韩国在全球造船市场上争夺激烈，但是，中国造船工业自 2010 年全面超过韩国之后，世界第一造船大国的位置已难以撼动。

中国是世界第一造船大国，江苏则是中国第一造船大省。2008 年，依托长江、强势崛起的江苏造船业一举超过上海、浙江、辽宁跃居全国第一，完工量、新承接订单量、手持订单量、经济效益四项指标均领先老牌造船强省。2009 年，江苏造船工业继续大步前进，完工量超过全国总量的三分之二；利润达到 180 亿元，超过全国船舶产业总利润的一半；造船主营业务收入相当于排名第二、三、四名的辽宁、浙江、上海三地造船主营业务之和。此后的两年，江苏连续保持中国第一造船大省的“称号”。

造船业已成为江苏六大骨干产业之一，这得益于横穿江苏的母亲河——长江。放眼江苏八百里长江，从南京下关顺流而下一直到南通启东的江海交汇处，一艘艘正在建造的散货船、油轮、集装箱、特种船、超大船气势如虹。沿长江由西向东，扬州、泰州、南通的造船工业使长江江苏段成为世界知名的船舶建造基地。2011 年，江苏造船完工量为 555 艘、2712.8 万载重吨，同比增长 17.9%，其中出口船舶占总量的 87.0%，占全球市场份额的 15.9%，占全国份额的 35.4%。

江苏的造船工业八成是民营企业，其中扬州以散货船为主，南通以大型船舶制造为主,泰州则以集装箱船、大型油轮船舶建造为主,泰州和南通的造船规模最大。

强劲的发展势头使资本市场对江苏造船企业情有独钟,江苏因而拥有全国最多的上市船企。至2012年初,江苏造船企业已有四家上市公司,其中包括泰州靖江的东方重工和扬子江船业、南通如皋的熔盛重工,另一家上市的是总部设在南京的国有控股企业舜天船舶。

中国造船史上第一大单

2011年6月8日，江苏扬子江船业集团与世界最大集装箱船出租公司加拿大西斯班（Seaspan）公司签订25艘新一代节能环保型10000箱级集装箱船建造合同（包括18艘备选船舶），合同金额达25亿美元（约合157.4亿元人民币），创下中国造船业有史以来第一大订单。

合同中的万箱级集装箱船，由扬子江船业和中国船舶与海洋工程研究设计院共同研发，是具有完全自主知识产权和世界先进水平的大型集装箱船。船长337米，宽48.2米。甲板面积超过两个标准足球场，甲板到船底的深度为27.2米，足有10层楼高，总吨位11.2万吨，可装载1万个标准集装箱，体型巨大。

该型船与目前世界上已经运营或正在建造的万箱级集装箱船相比，不仅总载箱量和均箱重指标均明显提高，而且节能环保，最大油耗降低20%，排放指标降低20%，主要营运状态下无需压载水，营运效率得到了极大提高；氮氧化物、硫化物、二氧化碳排放等各项指标均达到国际先进水平；具备高航速储备，兼顾实际较低营运服务航速和营运吃水的经济性需求，在营运吃水范围内和营运航速为18～22节时，能达到航速、吃水和单位功率油耗指数的最佳匹配，满足多种航线营运的需求，经济性指标达到国际先进水平，可与韩国研发的同型船相媲美。

按合同约定，2012年7月正式开建，2014年初交船，2015年全部交付完毕。

扬子江船业是中国主要造船集团之一，总部位于江苏泰州。不论产量及制造技术，集团是中国造船行业中第二大的私营造船集团。在上世纪 90 年代中，集团是中国仅有的几家有能力建造装载能力达中等型号集装箱船及散货船的造船公司。公司的历史可回溯到 1956 年，目前拥有员工两万人，是中国首家在新加坡上市的股份制造船企业。2010 年 9 月 8 日公司股票又采用 TDR 方式在台湾成功上市，开创了大陆企业在台湾上市的先河，引起了业界的轰动及世界的关注。

中国最大的二氧化碳气田

很多人认为江苏恐怕是全国最缺乏矿产资源的省份。根据截止到 2009 年的数据，江苏的非油气的矿产资源保有储量潜在总值为 12324.21 亿元，若加入油气资源的价值（截止到 2009 年，江苏石油可开采储量为 6032.40 万吨，天然气可开采储量为 33.58 亿立方米），则远非此数。所以，江苏尽管是资源“贫”省，但绝非一贫如洗，甚至有几种矿产储量占据全国第一位，有的即使不是第一位，也有着一定的优势。

根据江苏省国土资源厅 2011 年初公布的数据，截至 2009 年底，江苏全省已发现各类矿产 133 种（不含亚矿种），其中查明资源储量的有 66 种，已发现尚未查明资源储量的有 67 种。

显然，江苏的矿产资源种类不少。能源类矿产主要有煤炭、石油、天然气和地热。金属矿产主要有铁、锰、钛、钒、铜、铅、锌、镁、钼、金、银、铌、钽、锆、锶、锗、铟、铼、镉，非金属矿产有金刚石、硫铁矿、蓝晶石、红柱石、硅灰石、云母、长石、蛭石、沸石、明矾石、芒硝（岩盐）、石膏、方解石、萤石、宝石、石灰岩、泥灰岩、白云岩、石英岩、天然石英砂、含钾砂页岩、高岭土、陶瓷土、耐火粘土、凹凸棒粘土、膨润土、其他粘土、蛇纹岩、玄武岩、辉绿岩、闪长岩、花岗岩、珍珠岩、凝灰岩、大理岩、泥炭、盐矿、硼矿、磷矿、绢云母。水气矿产包括我们熟悉的地下水、矿泉水和我们不熟悉的二氧化碳气体。

江苏省矿产资源分布既广泛又相对集中，矿产地 98％都分布在苏北和苏南，苏中只占到2%。煤炭、制碱用灰岩主要分布在徐州地区；铁、石膏、水泥用灰岩主要分布在南京和徐州地区；芒硝（岩盐）主要分布在淮安地区；盐矿主要分布在常州、淮安及徐州地区；熔剂用灰岩主要分布在镇江地区；饰面用大理岩主要分布在连云港地区；高岭土主要分布苏州地区；陶瓷土主要分布在无锡地区；石油分布在扬州、泰州和盐城等地区；地热主要分布在南京、苏州、无锡、淮安、扬州、泰州和盐城等地区；二氧化碳气分布在泰州地区；地下水、矿泉水分布在全省各地。

这其中，主要作为化工、水泥和冶金等工业原料的方解石，主要用于食品化工行业的凹凸棒粘土，主要用于建筑材料领域的泥灰岩、辉绿岩、闪长岩储量都占全国第一。

另外，全国最大的二氧化碳气田在江苏泰兴，该二氧化碳气田储量达1000多亿立方米，纯度99.9%。尽管二氧化碳是重要的工业原料，但由于碳排放问题，这个优质二氧化碳气田的开发还存在争议。

中国跨越铁路股数最多的大桥

当代桥梁已不仅仅是跨越江河，为了人们交通方便，桥梁常常跨越的是道路和建筑。江苏徐州的和平大桥就是这样一座桥梁，它跨越的是铁路。由于徐州是我国南北交通，尤其是铁路交通的一个重要枢纽，和平大桥因此有机会创造了一项中国之最——跨越铁路股数最多的大桥！

徐州和平大桥经过中铁十局建设者历时三年的建设，于 2008 年 6 月 6 日正式通车，是徐州市和平路东延工程的主要部分。在它的下面，有京沪铁路干线等 37 股铁路通过，其中包括 8 条电气化铁路，是我国一次性跨铁路轨道最多，施工难度最大的跨铁路大桥。国内目前还没有任何一座桥梁之下有这么多的铁轨。

和平大桥全长 1008 米，主桥长 368 米，宽 28 米，双向六车道，主桥为独塔双孔双索面斜拉桥，主塔高度 101 米。

这座创下中国之最的大桥对徐州市的重要性是不言而喻的，对桥梁建设者来说，更重要的是它给后人建设更大的类似桥梁提供了宝贵的经验。

中国最大的海上风电场

在古代中国，人们利用风让风筝上天；在古代欧洲，人们利用风转动风车为农田灌溉。今天，人们利用风发电，制造出不产生污染的清洁能源。中国的风力发电已经走在世界前列，而江苏苏北沿海，由于位于华东，拥有大面积的海上潮间带（位于大潮的高、低潮位之间，随潮汐涨落而被淹没和露出的地带）和国家大型电力企业对新能源的追求，风电产业尤其是海上风电产业处于全国领先地位。

2011 年 12 月 28 日，国电龙源集团江苏如东 150 兆瓦（15 万千瓦）海上示范风电场一期工程正式投产发电，加上前期 32MW 的试验风电场，如东县海上总装机容量达到 131.3 兆瓦，成为全国规模最大的海上风电场。如东海上电场后期的 50 兆瓦的容量 2012 年全部竣工，海上风电总装机容量达到 181.3 兆瓦，如东的全国第一大海上风电场的地位更加牢固。

龙源集团江苏如东 150 兆瓦海上（潮间带）示范风电场位于如东环港外滩，离岸 3 至 8 公里潮间带区域。国电龙源计划在如东总共投资 180 亿元，建设总计 1000 兆瓦的海上风电场。

如东县东面和北面濒临黄海，素有黄金海岸之称，境内海岸线全长 106 公里，占江苏全省的九分之一，全县海域面积达 6000 多平方公里。其所处的东南沿海是我国经济发达地区，电力需求极大。在东南沿海利用潮间带进行建设海上风力发电场有两大优势：一是解决陆上风电土地资源紧张问题，随着中国工业化、城市化进程加快，沿海地区土地资源日趋紧张，制约了陆上风电的开发进程，海上风电成为沿海地区风电开发的重要途径；二是可以避免风电送出难题，风电送出是当前风电发展面临的重要瓶颈，我国沿海地区经济发达，处于用电中心，电网接纳能力较强，建设海上风电在电网接入方面相对容易。

4685亿

旅游总收入全国最多的省份

江苏是旅游大省，在国家七个重点旅游省份中，江苏的旅游总收入自 2005 年超过广东起，连续七年位居全国第一，并且从趋势上看，领先地位仍将保持下去。

《人民日报》对 2011 年全国各省市区旅游总收入情况进行了统计，江苏省以 5611.38 亿元再次列旅游总收入排行榜第一名。广东和浙江分别以 4860 亿元、3900 亿元分列第二、三位。山东省是接待游客总人次最多的省份，总数达 4.15 亿人次，但旅游总收入只有 3700 亿元，排名第四。北京 3210 亿元、上海 3000 亿元、河南 2802 亿元、四川 2400 亿元、香港 2055 亿元、湖北 1987 亿元，分列五至十位。

在接待人数方面，江苏 2011 年的数据是 4.1 亿人次，仅此于山东，列第二位；浙江接待 3.36 亿人次，列第三位。

2010 年相关统计数字表明，江苏当年旅游总收入为 4685 亿元，位居全国第一。广东第二，浙江、山东、上海紧跟其后。

有些人会认为江苏缺少像黄山、九寨沟那类令人叫绝的自然景观，因而对旅游者缺乏足够的吸引力。但持这种观点的人忽视了一个重要因素，即旅游者固然看重自然风光，但也同样看重历史文化和地方特色，拥有南京、苏州、扬州、镇江、徐州、淮安、常熟、无锡、南通、宜兴等十座国家级历史文化名城的江苏，恰恰在这个方面拥有压倒性优势，不仅国家级历史文化名城数量全国最多，工农业旅游示范点，特色旅游镇村，国家级历史文化名镇、名街，世界非物质文化遗产的数量也是全国最多。加之拥有长江、太湖等自然景观，所以，江苏的国家高等级旅游景区总数也名列全国第一。正是如此丰富的旅游资源，使江苏对国内外的旅游者具有了极大的吸引力。

华夏第一村

华夏第一村——华西村位于江苏省江阴市华士镇，原叫华西大队，在上世纪六十年代就是我国农村的先进典型。当时我国农村普遍实行“三级所有，队为基础”的核算方式，即公社、大队、生产队三级所有，以生产队为基本核算单位，华西大队实行的是大队统一核算；上世纪七十年代末我国农村推行“联产承包责任制”改革，华西大队顶着压力继续实行大队核算。在我国农村取消人民公社后，华西大队改为华西村。

早期华西村共有 380 户，1520 人，面积 0.96 平方公里，1996 年被农业部评定为全国大型一档乡镇企业。从 2001 年起，华西村老书记吴仁宝和华西人创造性地提出了“一分五统”，和周边的 16 个村一起组成了大华西村，面积由原来的 0.96 平方公里扩大到 30 平方公里，人口由原来的 2000 多人增加到 3 万多人。一分就是村与企业要分开，把新合并的 16 个村规划成 12 个村，合并后的原村委会还是由本村村民自治、选举；五统：一是经济由华西统一管理，二是劳动力在同一条件下统一安排，三是福利由华西统一发放，四是村庄由华西统一规划建设，五是由华西村党委统一领导。华西人始终坚持社会主义原则，努力发扬“艰苦奋斗，团结奋斗，服从分配，实绩到位”的华西精神，是全国农村走共同富裕道路的典型。2004 年，华西村人均年工资收入达到 12.26 万元，而同年全国农民人均纯收入 2936 元，城镇居民人均可支配收入也只有 9422 元。华西人的收入是全国农民的41.76倍、城镇居民的13.01倍。2006年全村实现销售超300亿，2010年超500亿元，每户村民的存款600万元—2000万元。2009年，华西村入选中国世界纪录协会“中国第一村”，华西村创造了中国世界纪录协会多项世界之最、中国之最，是中国第一富村。

今日的华西村产业结构发生了根本性的变化，形成了具有鲜明个性的华西特色，工业、农业、商业、旅游业等多种产业并举，基本形成南有“钱庄”——工业经济区、中有“天堂”——村民生活居住区、北有“粮仓”——农林科技示范园区的现代化格局，走出了一条经济繁荣、农民富裕、社会和谐的新农村建设之路，基本实现了农村城镇化，农业工业化，农民知识化。

新中国第一座自行建造的公路铁路两用桥

南京长江大桥是长江上第一座由我国自行设计建造的双层式铁路、公路两用桥，也是新中国第一座依靠自己的力量设计施工和全部使用国产材料建造而成的铁路公路两用桥，它的建成开创了我国“自力更生”建设大型桥梁的新纪元。1960 年 1 月 18 日正式动工，使用钢材 100 万吨、水泥 50 万吨，奋斗 8 年，耗资 1.8 亿人民币，1968 年 12 月 29 日竣工通车。南京长江大桥是我国继武汉长江大桥、重庆白沙陀长江大桥之后第三座跨越长江下游最大的一座公路铁路两用桥，在上世纪六十年代，曾以“最长的公路铁路两用桥”被载入英国《吉尼斯世界纪录大全》。

南京长江大桥位于南京市下关和浦口之间。上层的公路桥长 4589 米，车行道宽 15 米，可容 4 辆大型汽车并行，两侧还各有 2 米多宽的人行道；下层的铁路桥长 6772 米，宽 14 米，铺有双轨，两列火车可同时对开。其中江面上的正桥长 1577 米，引桥长 3012 米，公路引桥采用富有民族特色的双孔双曲拱桥形式。公路正桥两边的栏杆上镶嵌 200 幅铸铁浮雕，人行道旁整齐排列着 150 对白玉兰花形的路灯。南北两端各有两座高 70 米的桥头堡，堡上各有三面红旗，象征着 50 年代的人民公社、大跃进和总路线，堡内有电梯可通铁路桥、公路桥及桥头堡上的了望台。堡前还各有一座高 10 余米的工农兵雕塑，塑像上的 5 个人物是当时中国社会五大组成部分的代表，即工、农、兵、学、商。南堡下是一个风景秀丽的公园。大桥通车后，津浦、沪宁两线正式接通，从北京可直达上海，自此京沪铁路全部贯通，极大方便了长江南北的交通和生产生活。

南京长江大桥江中正桥共有 9 墩 10 孔，每个桥墩高 80 米，桥墩底部面积 400 多平方米，比一个篮球场还大，最高的桥墩从基础到顶部高 85 米。墩与墩之间的距离除北岸第一孔是 128 米，其余 9 孔为 160 米，桥下可行万吨巨轮。岩床埋在正桥河床 33—47 米以下，9 个桥墩基础分别采用重型混凝土沉井、钢沉井加管柱、浮式钢筋混凝土沉井、钢板桩围堰管柱等基础。9 个正桥 10 孔钢筋梁采用优质合金钢杆件在现场铆接拼装架设。整座大桥如彩虹凌空江上，十分壮观。每当夜幕降临，桥栏杆上 1048 盏泛光灯齐放，桥墩上 540 盏金属卤素灯把江面照得如同白昼，加上公路桥上的 150 对玉兰花灯齐明，桥头堡和大型雕塑上的 228 盏钠灯像一串夜明珠横跨江上，把大桥雄姿勾勒得更加光彩迷人，完全是一幅“疑是银河落九天”的美丽画面。

世界跨径最大的斜拉桥

中国交通建设的飞速发展，使世界各种斜拉桥的跨径纪录不断归属中国，但到目前为止，主跨最长的纪录，仍然由江苏境内的苏通长江公路大桥所保持。

2008 年 6 月 30 日，位于长江入海口的世界跨径最大的斜拉桥——苏通长江公路大桥正式通车，从而创造了主跨 1088 米的新的世界纪录。

苏通大桥架设于苏州与南通之间的长江之上，是长三角地区一个重要的交通枢纽。大桥全长 32.4 公里，主要由跨江大桥工程和南、北岸接线工程三部分组成。全线采用双向六车道高速公路标准。主桥采用主跨 1088 米双塔斜拉桥，通航净空尺度为高 62 米、宽 891 米，满足 5 万吨级集装箱货轮和 4.8 万吨级船队通航需要。苏通长江公路大桥于 2003 年 6 月 27 日开工建设，工程历时 5 年。

此前，1993 年 9 月 15 日通车的上海杨浦大桥曾是世界上跨径最大的斜拉桥。杨浦大桥主桥也是双塔斜拉桥结构，当时以主跨 602 米成为世界同类型桥梁之最。这项纪录 1995 年被法国诺曼底大桥（主跨 856 米）所打破，而诺曼底大桥的纪录 1999 年又被日本多多罗大桥（主跨 890 米）超越。

2001 年 3 月 26 日，南京长江第二大桥通车，该桥由南汉桥、北汉桥和八卦洲引线组成，全长 12.517 公里。其南汉主桥是主跨 628 米的斜拉桥，当时是中国第一大跨径斜拉桥。

中国其他地区建成的其他类型的斜拉桥，也占据着几项跨径世界纪录，但都没有超过苏通大桥的跨径。

2009 年 12 月 31 日，上海又创造了一项桥梁建设的世界纪录，世界跨径最大的双层公路斜拉桥——上海闵浦大桥当日正式通车。该桥创下了双层斜拉桥最长主跨的世界纪录，该桥全长 3982.7 米，不过，其跨过江的主跨为 708 米，远不及苏通大桥。

2010 年 12 月 9 日通车的荆岳长江公路大桥是第一条连接湖南、湖北的跨长江大桥，大桥位于长江中游城陵矶—螺山河段、洞庭湖与长江交汇处的下游 13 公里处，起于监利县白螺镇，跨长江后止于湖南省岳阳市云溪区道仁矶镇，总长 4512.5 米。该桥系超大跨度不对称混合梁斜拉桥，主跨 816 米，是高低塔斜拉桥世界第一大跨度。

世界第一座六线铁路大桥

2011年6月30日正式投入运营的京沪高铁列车在通过长江时必然要飞驰过南京大胜关长江大桥。大胜关大桥全长9.723公里，在经历了将近四年半的建设之后，于2011年1月11日上午正式通车。由于它的存在，京沪高铁列车跨越长江耗时不到1分30秒。

这是一座伟大的桥梁，辛勤的建设者在架设它的时候，创造了多项世界纪录。

它是世界首座六线铁路大桥：大桥承载着三个任务，它是京沪高铁的过江通道，也是沪汉蓉高铁的过江通道，同时还是南京地铁8号线的过江通道。因此，在这座桥上有多达六条铁轨！

它的载荷创世界桥梁之最：经过大桥的京沪高速铁路设计时速达300公里，沪汉蓉铁路为Ⅰ级干线，客货共线，客车设计行车时速是200公里；南京地铁行车时速是80公里。三种铁路，双向开行，同时可有六趟列车通过大桥。这意味着大胜关长江大桥“不得不”创造载荷的世界纪录——支座最大反力达18000吨，成为目前世界上设计荷载最大的高速铁路大桥。为此，大桥使用的钢结构总量高达36万吨，混凝土总量达到了122万立方米，最大的桥墩有七个篮球场那么大。

它的跨度创铁路桥世界之最：大胜关大桥采用的是六跨连续钢桁拱布置，三个主桥墩间的最大跨度达到336米，为世界同类级别跨度最大的高速铁路大桥；通航净高32米，能够确保万吨级船舶顺利过江。

世界最长的铁路桥

2011年6月30日下午16时，京沪高铁从南京南站开出了首列前往北京的列车。京沪高铁江苏段正式投入运营，同时也意味着江苏不仅建成了京沪高铁三分之一的站点，还由此创造了多项“世界之最”。

其中之一便是建成了世界最长的铁路桥——丹昆特大桥。

丹昆特大桥位于京沪高铁江苏段，始于丹阳，途径常州、无锡、苏州，止于昆山。全长164.851公里，是吉尼斯世界纪录所记载的世界第一长桥——美国庞恰特雷恩湖桥的四倍多。

花费巨资建设这么长的高架桥，一是因为此段高铁沿线处于苏南地区平原水网地带形成的软土地区，途经的水面宽度在20米以上的河道有150余条，只有采用高架桥才能保证高速铁路平整度的要求。二是节省土地的缘故，因处于经济发达地区，此段高铁沿线路网纵横，需跨越各类型等级道路180余条。

当然，高架桥对乘客饱览沿途风光，也是相当有利的。跨公路、跨铁路、跨水路，丹昆特大桥以一种现代化高速铁路桥的傲然姿态，跨越着整个苏南大地。而乘客，在飞驰的列车上尽可以俯视苏南美景。

世界首座圆筒型超深水海洋钻探储油平台

由南通中远船务工程有限公司与江苏大学合作承担的“深海高稳性圆筒钻探储油平台的关键设计与制造技术”项目获得了2011年国家科技进步奖一等奖。运用该设计与技术，历时两年，南通中远船务在2009年6月28日为挪威塞旺公司（SEVAN MARINE）成功研制的世界首座圆筒型超深水海洋钻探储油平台——“SEVAN 650”，创造了“甲板荷载、海上稳定性、储油15万桶”等至少三个世界纪录；在整体结构设计、全功能集成、抗风浪能力、动力定位系统、无余量制造工艺、关键零部件延寿制造等方面都获得了创新性成果，为祖国赢得了荣誉。

该平台属于当今世界海洋石油钻探平台中技术水平最高、作业能力最强的高端领先产品。总造价近6亿美元，工作水深可达3050米以上，钻井深度约12000米，配置了全球最先进的DP－3动态定位系统和系泊系统。平台还是世界首座兼具钻探和储油功能的平台，拥有15万桶原油的存储能力。独特的圆筒型外观使其对恶劣海域环境的适应能力更强，可以适应零下20度的低温条件。其甲板可变载荷达15000吨，生活楼可容纳150人居住，居住舱室达到45分贝超静音标准，生活设施堪比五星级酒店。而平台的设计和主体建造仅用了 24 个月，比国际同类产品的建造周期缩短近半年。

直至 2007 年，南通中远船务原来只是个实力较强的修船厂。2006 年，南通中远船务长期合作伙伴——挪威塞旺公司，有意建造一艘圆筒型海洋钻井平台。获此信息后，南通中远船务不失时机地提出了承建意向。塞旺公司半信半疑，提出要看看总方案设计，以测试其实力。一个星期后，一个数字化概念设计，包括创新提出的浮态建造方案出炉，公司甚至为该项目配套的办公室也全部改造一新。南通中远船务的技术实力、合作诚意和快速反应，让塞旺公司震惊，更让他们信服。2007 年 3 月 22 日，中远船务与挪威 SEVAN MARINE 公司签订合同，由南通中远船务承建"SEVAN 650"圆筒型超深水海洋钻探储油平台。由此，跳过"造船阶段"，直接难度高得多的"海工生涯"。

"SEVAN 650"的成功建造，拥有首创的"深海高稳性圆筒钻探储油平台的关键设计与制造技术"，为南通中远船务赢得了先机，占据了自己独有的产品市场。目前，南通中远船务已经手握 4 座圆筒型超深水海洋钻探储油平台有效订单，每座造价 5.7 亿美元(约合人民币 36 亿元)，国际市场占有率为 100%，成为制造该型产品的世界"巨无霸"。

世界最先进的3000米级深海铺管起重船

美国雪佛龙的发言人米奇朱艾尔，曾将深海油田钻探的开拓性和难度比作美国的“登月之旅”。敢叫日月换新天的中国人就是要挑战一切艰难险阻，江苏造船人加入了这个行列。

2011 年 5 月 24 日，由中国海洋石油总公司投资 30 亿元、江苏熔盛重工有限公司制造的世界最先进的 3000 米级深海铺管起重船“海洋石油 201”，在我国最大的民营造船企业熔盛重工所在地江苏南通如皋港举行命名试航仪式，标志着这条创造多项世界纪录的新船进入最后的试航交船阶段，我国对海洋油气的独立开发将在短期内告别只能在 500 米以内近海进行的历史。

“海洋石油 201”项目于 2005 年 5 月启动，2008 年 9 月开工建造，是“十一五”国家科技重大专项示范工程“海洋深水工程重大装备及配套工程技术”的重要组成部分。“海洋石油 201”是世界上第一艘同时具备 3000 米级深水铺管能力、4000 吨级重型起重能力和 DP－3 级动力定位能力的深水铺管起重船，能在除北极外的全球无限航区作业，集成创新了多项世界顶级装备技术，配置了包括全电力推进、全电力变频驱动、DP－3 动力定位、S 型深水双节点铺管系统等一系列国际上最先进的技术和装备，船舶的详细设计和建造在国内自主完成，是亚洲首艘具备3000米级深水作业能力的海洋工程船舶，其总体技术水平和综合作业能力在国际同类工程船舶中处于领先地位，代表了国际海洋工程装备制造的最高水平，填补了中国在深水装备领域的空白，对我国海洋石油开采由浅海迈向深海具有革命性意义。由此，中国跻身世界3000米级深海能源开发俱乐部。

该船总长达204.65米，型宽39.2米，舱室顶层甲板设置有直升机平台，可铺设口径为6英寸至60英寸的海管，航速12节，作业水深范围15～3000米，可同时完成海底管线的装载、储藏、内部运输、检验及铺设等一整套作业，铺管速度5公里/天。2011年12月31日，“海洋石油201”成功完成动力定位试航。在阵风8级、海浪4～5级的恶劣海况下，“海洋石油201”通过DP-3级动力定位系统的精确控制，平稳地屹立在海面上，定位精度情况良好。

“海洋石油201”可以与2011年5月23日在上海外高桥船厂命名完工、总投资60亿元的世界最先进的第六代钻井平台“海洋石油981”超深水半潜式钻井平台一起，组成我国自己的深海钻探队，向广袤的南海进军，实现中国在短时间内从300米的作业水深跨越到3000米水深的水平，从而用5到10年的时间走完西方国家最近30年走过的路。当前全球已经建成投产和在建的3000米深海作业平台有20个左右。

世界最大的单体沼气发电项目

江苏盐城地区拥有全国最大面积的沿海滩涂，这个优势吸引了中石油、中粮、中海油、华电、鲁能、尚德等一批央企、大型企业，来此展开风力发电、光伏发电和生物质能发电建设。由此，盐城东台市在2011年绿色能源领域创下多项全国之最。

光伏发电规模全国沿海最大：2010年11月，华电集团、尚德公司强强联手，在东台市沿海梁南垦区投资建设10兆瓦光伏电站，这是当时我国沿海地区建设的最大太阳能光伏电站。从那时起到2011年底，东台市沿海建成并网发电的光伏电站已经达到110兆瓦，在全国光伏产业迅猛发展的形势下，继续保持全国领先。

生物质能发电单体装机容量世界最大：国内食品行业龙头企业中粮集团在东台市建设总投资40亿元的健康生猪产业化项目，其中生猪饲养最终将达到年出栏200万头的规模。利用生猪养殖场粪污，中粮公司投入亿元兴建沼气发电项目，分别在金东台农场和梁南垦区建设两条装机容量2兆瓦的沼气发生装置。2011年8月，金东台农场沼气发生装置率先建成。据了解，这一沼气发电项目创造了五项之“最”：单体装机容量为世界之最，是目前为止世界上最大的单体沼气发电项目；日处理粪污1284吨，为全国最多；单体发酵罐容积500立方米，为全国最大；采用的全封闭粪污传输管道11公里，为全国最长；同时也是我国沼气发电行业采用新技术最多的项目。

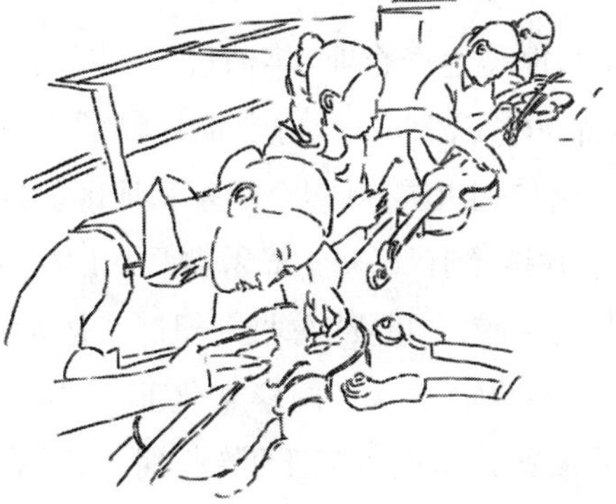

世界上最大的提琴制造基地

江苏人大都知道黄桥烧饼又酥又香，非常好吃。但是，有多少人知道，在这个建于北宋神宗元丰年间的千年古镇，还是世界最大的提琴生产基地？

没错，尽管你可能对能够弹奏出美丽音符的提琴竟然来自农民之手而将信将疑，但的确，每年世界上三分之一新生产的提琴就是来自这里！

故事很久远，需要追溯到上世纪60年代中叶，当时的溪桥镇还是溪桥公社（溪桥镇于2010年4月并入黄桥镇），五位上海提琴厂的工人下放到溪桥公社，同时，上海民乐团一位当时颇具名气的演奏家、作曲家也下放到这里，从此给溪桥带来了制作乐器的理念和技术。1968年，公社用仅能资助的几百元钱和旧民房做起了琴头、弓杆等零件，溪桥公社乐器厂"横空出世"，专门为上海提琴厂配套。不久，这批上海的能工巧匠带着当地农民生产了第一批"向阳牌"小提琴，到上世纪七十年代的泰兴提琴就已走向了全国各地的家庭、学校和舞台。

1973年4月22日，一位叫李书的年轻人走进溪桥公社乐器厂的大门。他赶上了乐器厂最初的兴旺时期，但物换星移，到1980年李书接手厂长职位的时候，工厂已经濒临倒闭。改革开放后，溪桥乐器厂——今天李书名下的私营企业江苏凤灵乐器集团，起死回生，并顺应潮流转为外向型企业，跃身为世界最大的小提琴生产企业。

现在凤灵乐器集团已经成为世界上最大的提琴生产企业，年销售收入达到2亿元人民币，提琴年产量达到50多万支，产品90%以上出口，占全世界提琴产量的三分之一，吉它年产量也达到60万把，产品出口到世界80多个国家和地区。经凤灵乐器集团带动，黄桥镇溪桥小区的大街小巷已有170多家乐器厂，工人达15000余人，制作小提琴、大提琴和吉他、电吉他，行销全世界，总收入超过5亿元。

除了提琴制造，凤灵乐器集团还创下了一项全国第一，经国家文化部、中国轻工业联合会、中国乐器协会等部门批准，凤灵乐器集团投资五千万（一期工程）在泰兴黄桥镇建设的乐器博览馆于2010年9月16日开馆。博览馆面积6000平方米，是我国目前最大的乐器博物馆。展馆一楼展出西洋乐器，二楼展示中国民族乐器，三楼展示中外提琴及珍宝精品。博览馆藏有1100余件乐器精品，其中包括我国民间乐器收藏家提供的战国时期的编钟，欧洲博览馆提供的1936年由国际小提琴之父——安德鲁·阿玛蒂家族制作的小提琴，世界摇滚乐先驱——美国埃尔维斯·普雷斯利使用保存的“猫王”吉他以及许多近代民间乐器。

世界第一『天幕』

世界电子产品制造基地苏州绝不会甘于人后，2009 年 2 月 28 日晚，苏州市民在落成不久的圆融时代广场，饱览了“世界第一天幕”的风采。

这个“天幕”由苏州圆融集团与光普电子(苏州)有限公司、南京洛普股份有限公司共同合作建设，它全长 500 米、宽 32 米，面积相当于两个标准足球场(显示面积约 7500 平方米)，架设在高约 21 米的空中，犹如一条绚丽的长虹，灿烂夺目。随着音乐伴音，人们仰首而望，如梦如幻。整个“天幕”由 2000 多万只超高亮度的 LED 灯组成，耗资亿元。

苏州时代广场天幕的建成，将著名的美国拉斯韦加斯天幕从世界第一大天幕的宝座上拉了下来，并取而代之。拉斯韦加斯天幕长 400 米，宽 25 米，面积比苏州时代广场天幕小了 6000 平方米。苏州时代广场天幕的建成之前，长 250 米、宽 30 米的北京世贸天阶天幕是亚洲最大的“天幕”。

苏州时代广场天幕在技术上运用北京奥运游泳馆水立方造型的膜结构封顶，配合 LED 灯条、灯带、射灯等，天幕开启后，声、光、电相得益彰，各种三维声像效果将观众带入一个瑰丽豪华热烈且无限震撼的音画盛宴。

除了视觉效果，值得一提的是其音响配置。其三维声像扩声系统，完美地做到了影像与声音同步。在近 500 米长的天幕系统中采用了前所未有的 106 声道环绕效果音效系统，系统之大超乎想象。

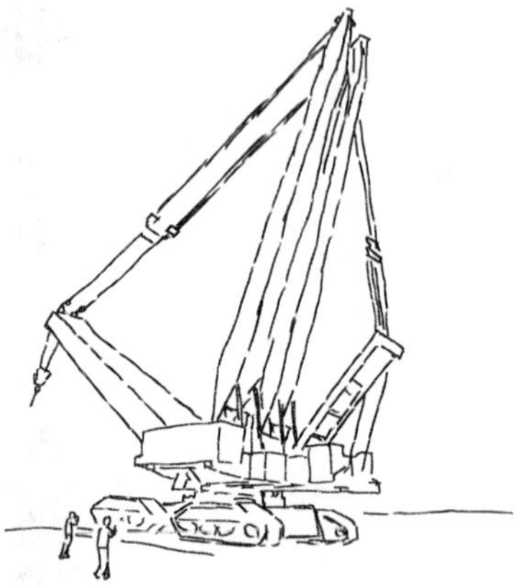

全球『第一吊』

现代核电建设领域需要大吨位的起重机，而我国将建设更多安全性能更加优异的核电站，中国市场因而正在崛起成为全球最大的履带式起重机市场，大吨位履带式起重机的需求量不断提高。

但是，千吨级以上的超大型履带式起重机，全世界只有少数几个国家能够研制，总产量仅几十台，分布于世界的大型建设工地上。跨国公司特雷克斯吨位达 3200 吨的 CC8800－1TWIN 型履带式起重机仅生产了两台，其中一台被中国核工业中原建设有限公司购入，应用于山东海阳核电站的施工工地上。

2009 年初夏，国家有关部门向国内起重机主流厂商发出号召：打破国外垄断，研制满足三代核电建设的国产超大型履带起重机。围绕这个目标，江苏产业界做出了自己的努力。2011 年 5 月 29 日，由三一重工自主研发制造的 SCC86000 履带式起重机在江苏昆山三一产业园成功下线，这意味着三一已经成功掌握了完全拥有自主知识产权的全球顶级履带起重机的研发技术和制造能力，同时标志着我国企业在特大吨位履带起重机自主研发领域已走在了世界前列。

这台履带起重机最大起重量达 3600 吨，最大起重力矩达 86000 吨米，是目前世界上最大吨位的履带起重机，将主要用于 AP1000 第三代核电机组的吊装。在研发过程中，采用了先进的极限状态设计法、数字化样机和 TOP DOWN 等设计方法，突破了非线性、大变形金属结构设计难题，采用的技术已有30项在中国、美国、德国申请发明专利，核心技术还将运用于其他领域。

昆山三一产业园建成以来，不断加大自主创新力度，其研发的具有自主知识产权的新产品屡创纪录：2006年，国内首台400吨履带起重机在昆下线，被业界誉为"神州第一吊"，去年参与了全球瞩目的智利矿难救援；2008年，亚洲首台1000吨履带起重机下线，成为"亚洲第一吊"；2010年，SCC16000型1600吨履带起重机问世，并成功应用于核电吊装领域。2011年又生产出3600吨的"全球第一吊"。从"神州第一吊"到"亚洲第一吊"再到"世界第一吊"，昆山三一阔步从中国制造迈向中国创造，打造履带起重机世界知名品牌。

亿吨港口数量全国最多的省份

2011年11月18日，泰州港吞吐量突破亿吨，成为江苏省继连云港、苏州、南京、南通、镇江、江阴之后第7个亿吨大港，全国第23个亿吨大港。由此，国家交通运输部官方网站确认，江苏省已有7个吞吐量达到亿吨的港口，成为全国亿吨大港数量最多的省份。

根据统计，江苏港口的另三项重要指标——通过能力、万吨级以上泊位数、港口货物吞吐量等也稳居全国第一，成为名副其实的“港口大省”。

港口为江苏省经济社会发展提供了强大支撑，在保障江苏省能源和原材料进口、产品外销以及外贸物资运输中发挥了重要作用，60%以上的煤炭、90%以上的铁矿石由港口调入，90%的外贸进出口货物由港口运输。港口对地区生产力布局也发挥了重要引导作用，江苏沿江地区集中了全省约90%以上的冶金企业和石化企业、60%以上的电力企业、70%以上的水泥、造纸企业。

同时，江苏港口依托通江达海、承东启西的区位优势，已经成为我国中西部地区能源、原材料和产成品运输的重要中转枢纽和对外交往的门户。江苏沿江港口吞吐量中有35%左右为长江中上游转运，陇海兰新铁路沿线的9省区货物、集装箱吞吐量分别占连云港港总量的70%和40%，连云港口岸外贸进出口总额的70%服务中西部地区。

江苏港口还是上海国际航运中心和长三角综合运输体系的组成部分。港口货物吞吐量占长三角港口吞吐量的比重达40%以上,集装箱吞吐量占长三角的20%。连云港、南京、镇江、苏州、南通等主要港口在长三角港口煤炭、原油、铁矿石、集装箱四大运输系统中发挥了重要作用,满足地区能源、原材料、外贸物资的运输需要,促进了长江三角洲地区经济持续较快发展。

亚洲最大的脱水蔬菜基地

自2001年被农业部确定为全国园艺产品出口示范基地以来，江苏泰州兴化市成为亚洲最大的脱水蔬菜基地和香葱种植基地，并连续十多年保持这一称号。

脱水蔬菜系采用新鲜蔬菜，经科学加工脱水精制而成，既可长时间保持新鲜蔬菜风味和营养成份，又便于贮藏运输，在方便面等食品中使用量较大。同时，脱水蔬菜对诸如地震、水灾等自然灾害亦是方便的蔬菜来源，比如“311”地震后，日本便向兴化市追加了40多万美元的香葱、包菜、胡萝卜等脱水蔬菜订单，并且将提货期从以往的三个月提前到一个月。

在以香葱为龙头的兴化市脱水蔬菜产业集群中，有加工企业150家，其中29家企业获得自营出口权，53家企业通过ISO9000、HACCP国际认证，年加工脱水蔬菜干制品10万多吨，产品出口日本、韩国、欧美等20多个国家和地区，深受客商好评。

脱水蔬菜生产尤其是出口的基础在于生鲜蔬菜种植的无公害化，兴化市正是由此入手占得先机的，该市引导企业扩大种植无公害蔬菜的规模，无公害蔬菜生产基地达到了25万亩。同时实施严格管理，加大技改投入，建立脱水蔬菜产品质量检验检测中心，注重从配料产品到终端产品、从佐食产品到保健产品两个方面调整产品结构，提升产品质量和企业核心竞争力，鼓励扶持脱水蔬菜产业发展，从而能够继续雄霸亚洲。

众多的客商来兴化投资兴业，正是看重这里特有的香葱等蔬菜资源。韩国客商投资的江苏信友食品有限公司、世界知名企业顶新集团投资 2000 万美元兴建的顶芳脱水食品有限公司，已成为兴化香葱加工的龙头企业。中日合资的兴野食品有限公司投资 8000 万元新上的“FD”真空冷冻脱水生产线生产的脱水香葱，能够在 3—5 年内保持香葱原有的色泽和味道。

创五项世界之最的液化气项目

2011年11月8日，中国石油天然气股份有限公司江苏如东液化天然气项目成功投产。这个项目被称为“世界建设难度最大的LNG项目”，创造了“五项世界第一”、“八个中国之最”，成为长三角地区清洁高效能源新中心。

所谓LNG，是液化天然气的英文缩写。江苏如东液化天然气项目于2005年启动，2011年5月24日试运行，是中石油第一个、也是中国国内第一个自主设计、自主采办、自主施工、自主管理的LNG项目，一期投资63亿元，规模为年处理350万吨LNG，年可供气48亿立方米，二期规模将增至650万吨，年均供气87亿立方米。远期接卸能力将达1000万吨/年，主要接收来自卡塔尔等国家的LNG资源，通过外输管道与我国天然气干线冀宁联络线和西气东输一线联网，为江苏省和西气东输调峰供气。

在距离海岸12公里的辐射沙洲上建设人工岛、LNG接收站等过程中，建设者成功解决了人工岛稳定性、LNG航道稳定、人工岛及码头抗震液化等一系列技术难题。王颖等六位院士、王汝凯等三位国家港口设计大师和百余名专家学者参与建设，项目创造多项国际国内纪录。

该项目创造的“五项世界第一”：刷新世界无遮掩外海人工岛吹填仅有49%成功率的纪录；建成可接卸世界上最大LNG船的专用码头；建成世界最长的11.6公里天然气跨海外输管线桥；开创了外

海无掩护大潮差环境下吊装技术成功应用的先例；在世界上首次采用三岔液压挤扩技术进行 LNG 储罐超密集群桩施工。

该项目创造的“八个中国之最”：世界第二、全长 1970 米的 LNG 卸载钢栈桥；开发应用国产 Ni9 钢建成单只面积巨大可停放波音 747 飞机的两只储气罐；开发应用国产 LNG 超低温保冷材料；率先在 LNG 项目上全部采用国产低温管材；牵头实施 LNG 槽车装车撬组撬；LNG 槽车装车站 LNG 项目投产试运用时最短、试车损耗气用量最少；LNG 槽车装车站与接收站同步投产；第一个“自主设计、自主采办、自主施工、自主管理”的 LNG 项目。

军事篇

学生篇

抗美援朝第一狙击手张桃芳

从近年的影视剧中，军事迷们领略到了狙击手的神奇。在笔者看来，史上最神奇的狙击手来自江苏泰州，他在抗美援朝战场上，仅用32天时间，击发442次，毙敌214名。他的名字叫张桃芳，是志愿军24军72师214团8连的战士。

张桃芳生于1931年，是江苏泰州兴化县程堡镇西村人。1953年1月11日，张桃芳随部队进驻上甘岭阵地。这时距朝鲜停战只有半年多的时间，而他的军龄也不满两年，是位年轻的战士。

在著名的上甘岭战役中，我军以坑道为根基，对美军和其他所谓联合国军进行狙击。美军后来将上甘岭称为伤心岭的同时，由于总是遭到志愿军狙击，还将其称为“狙击手岭”。

一开始，张桃芳并非“专业”狙击手，连里第一次派他参加狙击行动时，他射出一梭子子弹，却一个敌人也没干掉。张桃芳总结经验教训，不久就被选入连里的狙击组，很快显出英雄本色。当年张桃芳使用的是苏制1944式步骑枪，这种枪口径7.62毫米，弹头初速每秒820米，射程1000米，由5发固定弹仓供弹，全长为1020毫米，枪管长为520毫米，枪重为3.9千克。第二次狙击开始的时候，他就有了自己的猎杀敌人的记录。很快，他用240发子弹，毙伤了71个敌人，成为全连一号狙击手。

狙击手的较量是残酷的，生死只在一瞬间。在一次与美军狙击手面对面的对决中，张桃芳击毙了对手，而对方的子弹也贴着他的头皮飞过。

24军军长皮定均将军得知214团这样一个神射手，颇有些不信。叫参谋带了双皮靴去阵地上验证，如果亲眼见到张桃芳击毙三名对手，便将靴子奖励给他。张桃芳像一次完美的表演，当着参谋的面，击毙了三个敌人。

张桃芳英勇狙杀敌人的事迹为自己赢得了荣誉，中国人民志愿军总部和朝鲜最高人民会议常务委员会授予他特等功、二级英雄和朝鲜一级国旗勋章。

从朝鲜凯旋后，身体条件出色的张桃林1954年调入空军，进入徐州第5航空预备学校和济南空军第5航校1团学习。在空军河北高密第一训练基地担任歼击机飞行员，飞行退役后进入潍坊空军某师担任政治教导员。1980年退休。

2007年10月29日，这位著名而神奇的狙击手因病医治无效在潍坊逝世，享年77岁。张桃林是个传奇，军事爱好者，尤其是狙击手迷们，难以忘怀这个传奇！

中国人民解放军第一支海军部队

1949年初，解放战争已进入到决胜阶段，准备实施渡江战役。同时，为解放全中国，防止帝国主义侵略，并为迎接解放台湾的任务作好准备，中共中央和中央军委决定由第三野战军组建海军——华东海军，并要第三野战军前线委员会委员张爱萍担任华东海军司令员兼政委。

当第三野战军司令员陈毅向张爱萍交待任务后，张爱萍感到非常兴奋，又感到压力很大。张爱萍在回忆录里写道："当时我向陈老总说：'搞海军，我自己连游泳都勉强，难以胜任。'陈毅同志强调，这是历史逼着我们去干的，而且非干好不可，要你去干，是党中央对你的信任，你是合适的人选。就这样，我受命于关键之时，从此把全副精力投入了组建海军的调查研究和策划之中。"

第三野战军的渡江战役东线指挥部设在江苏泰州市白马庙一座地主庄园的清代小二楼里。1949 年 4 月 23 日，中国人民解放军第一个海军机构——华东军区海军机关在这里宣告成立。张爱萍带领 13 个人乘坐两辆吉普车，当天前往起义的国民党江阴要塞，正式开始组建中国人民解放军第一支海军部队，包括首先从三野抽调教导师师部率一个团、三野司令部侦察营及苏北海防纵队编入海军。据老战士回忆，这支海军部队成军后初始编制 800 人，战士基本不会游泳。

1989 年 2 月 17 日，中央军委正式决定泰州白马庙为中国人民解放军海军诞生地。渡江战役东线指挥部旧址已辟为纪念馆，原指挥部作战室及高级将领粟裕、张爱萍、张震等的卧室兼办公室已恢复原貌。1998 年江泽民总书记第二次视察泰州时，为这个纪念馆题写了馆名——中国人民解放军海军诞生地纪念馆。

我军第一支『陆军海战队』

大家都知道海军陆战队，而不知陆军中还有成建制的海上船艇部队。2002 年，南京军区组建了我军战斗序列里的第一支陆军船艇部队，他们身着陆军服，却驾驶着舰船，运载英勇的陆军战士，演练着抢滩登陆。这就是南京军区某训练基地船艇大队。

简而言之，海军中担负渡海登陆作战任务兵种可称为海军陆战队。而陆军海战队则可反向理解为，陆军中担负海上运输以配合陆军作战的特殊部队，并且隶属陆军而不是海军管辖。与海军大型登陆舰艇相比，陆军船艇大队装备的主要是吨位较小的登陆艇。如果将海军登陆舰艇比作重装骑兵，那么登陆艇就是轻骑兵。海军的大型登陆舰艇装载量大，但陆军海战队的登陆舰艇更为灵活机动，即所谓尺有所长寸有所短，海军大型水面舰艇只能在深水区锚泊换乘，搭载的部队还要经过较长距离的泅水才能登陆，作战风险大大增加。而陆军海战队的登陆艇不仅可以直接冲击抵滩，甚至可以在礁石上卸载登陆部队，大大增加了战斗胜算。在一次大型演习中，通往目标岛屿的多座桥梁被毁。一时间，陆军及其装备被困于多条国道之上。大队接到命令，十多艘登陆艇迅速抵达某岸滩装载陆军，连夜隐蔽航渡，将数十辆坦克、装甲车按时输送至集结地域。

信息化作战能力是新时代军事领域的一个发展方向。南京军区某训练基地船艇大队甫一成立装备有比较先进的信息化设备，以利于与登陆步兵以及海军诸兵种协同作战。率先在全军装备了陆军船艇装备指挥控制系统，指挥员人人掌握卫星定位、无线传输指挥、导航定位通讯和自动化监控等信息指挥应用技能。

点击该大队船艇指控系统，短短数秒，在近海训练的官兵与千里之外的海军某指挥中心便可实现信息联网，显示屏上很快就能显示接收到的各种信息。联合指挥员在船艇指挥台可随时精确掌控所有战位信息，陆上船艇指挥车可远程监控，指挥船艇编队，海上编队联合指挥员可实时通联陆海空三军部队。

体育篇

第一个举办青奥会的中国城市

北京时间 2010 年 2 月 11 日(温哥华当地时间 10 日),在温哥华举行的国际奥委会第 122 届全会上,国际奥委会委员们对 2014 年第二届夏季青年奥林匹克运动会的承办权进行投票,结果,南京市以五票的优势战胜竞争者波兰的波兹南。"南京。"国际奥委会主席罗格亲自宣布了这个决定,由此南京开始了 2014 年青奥会的筹办。

国际奥委会一共设有两个大型赛事,一个是奥运会;2007 年在罗格主席的倡导下,又为青少年专门设立了青年奥运会(The Youth Olympic Games)。青奥会与奥运会相同,也分夏季青奥会和冬季青奥会,均为每四年举行一次。

南京青奥会各项目比赛将安排在 2014 年 8 月 17 日至 28 日举行。8 月 16 日(周六)举行开幕式,8 月 28 日(周四)举行闭幕式,整个赛程控制在 12 天之内。

竞赛项目主要是参考 2012 年伦敦奥运会和 2010 年新加坡青奥会的项目设置,确定了 28 个竞赛项目。青奥会比赛将在南京奥体中心等处 15 个不同竞赛场馆进行。这些场馆大部分都举办过十运会和各类世界、洲际单项体育赛事,完全能满足青奥会需要。

举办过全国第十届运动会的南京奥体中心将是青奥会的主要赛场,28 个比赛项目中 55%的项目将在这里举行。青年奥运村以及开、闭幕式场馆也都位于奥体中心。

为了使世界青年运动员与中国青年更加接近，南京青奥会将一些项目安排在“大学城场馆区”——南京江宁大学城地区的体育场馆将承担12%的比赛项目。该区域与江宁大学城重合，影响力覆盖15所高校的20万在校师生，让广大青年师生有机会直接感受奥林匹克的魅力。

一些水上项目和越野项目则放在南京自然风光最为旖旎的地方举行，玄武湖风景区、钟山风景区、老山国家森林公园和金牛湖风景区四大风景区将承担33%的比赛项目。这些景区不仅美景连连，空气也十分清新，适合运动员发挥自己的水平。

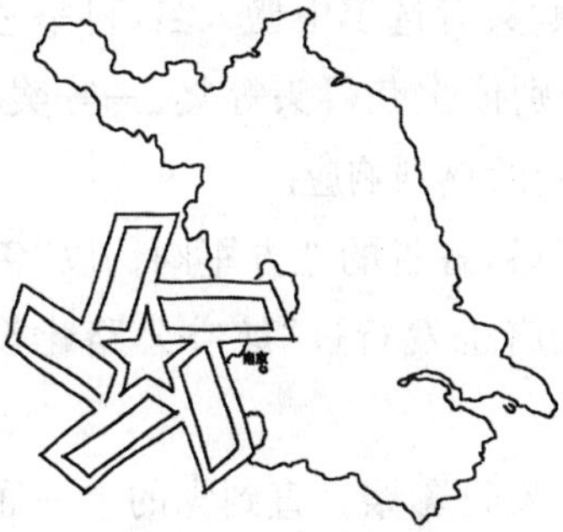

体育彩票销量唯一连续六年全国第一的省份

2011年，江苏体育彩票再度显示出前所未有的能量，全年销售141.73亿元，占全国销量903亿元的15.7%，遥遥领先于兄弟省市，成为全国唯一一个体育彩票年销量连续六年位居全国第一的省份。

在我国，彩票分即开式和电脑式两种销售形式，电脑式彩票占彩票销售额的绝大部分。

1998年6月3日，江苏成为全国电脑体育彩票销售的试点之一，当年销售额4886万元，开始了由弱到强直至雄霸第一的历史。江苏曾在2000年首次超越1996年便在全国率先推出电脑体育彩票的广东省，成为全国第一，从此站稳了前三强的位置，并在2006年一举突破，牢牢地独占鳌头。

2011年，名列全国体育彩票销售额第二的是山东省，广东屈居第三。这一年山东的体彩年销量为95.23亿元，比江苏足足少了46.5亿元。

中国彩票的历史始于1886年，是由一个上京赶考的考生发明的一种名为“闱姓”彩票——来自杭州考生刘学询到北京参加会试时，觉得竞猜谁是状元的游戏甚是有趣，便发明了“闱姓”彩票，其规则是将科举考试的应试者的名字印刷在纸上出售，购买者选填中榜人名，科举考试放榜之后，凭着状元、榜眼、探花的姓氏，猜中者分别依次获得头等奖、一等奖、二等奖，这是中国彩票的雏形出现，此举获得当时人们的热烈响应。

民国初年，虽曾明令禁止发行彩票，但自 1910 年后，各省的地方军阀仍以“善后”、“济实”、“慈善”等名目发行各种彩票。国民政府也发行过“航空公路建设券”、“黄河彩票”等形式的彩票。

由于博彩与赌博似乎有一定的关联，新中国禁止发行彩票。直到党的十一届三中全会以后，人们的思想观念发生了很大变化。国家体委便着手探讨在我国发行体育彩票的问题，尝试通过发行体育彩票筹集部分体育事业发展资金。1984 年 11 月福建省发行了体育设施建设彩票，这是新中国发行的第一种彩票。

自 1992 年发行彩票以来，江苏已经筹集体彩公益金 167 亿元，用于推进全民健身、体育事业和补充社保基金、雪炭工程、爱心助学、抗震救灾等各个领域。

近年来，江苏体彩每年都会产生百余位百万以上中奖者，2011 年达到创纪录的 171 个。而 2012 年 1 月至 3 月 4 日，短短的两个多月又产生了 28 个！多年来，江苏体彩中奖缴纳的所得税已达 15 亿元。

2011 年江苏体彩还创造一个令人遗憾的全国纪录：7 月 28 日晚 12 点，是大乐透 11062 期兑奖的最后截止日，尽管江苏省体彩中心兑奖的相关工作人员依然坚守在岗位，但 1619 万元大奖的中奖人却没有出现！这位中奖人是在南京购买的彩票。因为该中奖人未在规定时间内前来领奖，由此创下国内彩票最大弃奖纪录。

夺得第一块冬奥会金牌的中国男人

在冬季奥运会上为中国历史性地夺得首枚金牌的男子运动员不是东北人，竟是土生土长的江苏人，你信吗？

让我们重听一下央视解说员激越的声音：

“2006年2月23日，都灵雪山放起了五彩烟花，满天轰响，放得中国人心旌神摇。雪山，终于等到了中国时刻。在都灵冬奥会上，韩晓鹏以完美的两跳，在男子自由式滑雪空中技巧决赛中力压群雄。中国冬季奥运兵团，不但首次在雪上项目取得冠军，而且也首次拥有一个男性冠军。

中国男子运动员韩晓鹏来自江苏省沛县，1995年被沈阳体育学院选入自由式滑雪队，以前是江苏省技巧运动员。

韩晓鹏在生活中是个兴趣广泛的人，他有个外号叫‘摇滚歌手’，他在现场还一展歌喉，赢得了观众的喝彩。”

韩晓鹏自己证实了央视解说员的说法，获得冠军之后，他说：“我是江苏沛县人，刘邦的老乡。”“我为中国男同胞争气了！”为了这块冬奥会金牌，中国男人自首次参加冬奥会以来，等了足足26年。

1982年12月13日，韩晓鹏生于江苏徐州沛县，从小练习技巧。徐州是技巧之乡，拥有多个技巧世界冠军。具备良好技巧基础的孩子，自然拥有练习雪上男子空中技巧项目的优势。后来，中国自由式滑雪空中技巧队的金牌教练杨尔绮来徐州寻找苗子，相中了韩晓鹏，于是12岁的韩晓鹏到东北开始了自己的冰雪生涯。

这一练就练了十一年，韩晓鹏身体素质比较全面，特别是力量和爆发力在同项目队员中最为突出。他多次获得全国冠军和世界杯赛第三名，在都灵冬奥会之前的自由式滑雪世界总排名上名列第三，这也是我国男子选手在历史上世界杯总排名的最好成绩。正是有这样的基础，韩晓鹏才能在都灵冬奥会的决赛中以250.77分力挫群雄，以完美的两个动作获得了都灵冬奥会自由式滑雪男子空中技巧金牌，并开创了中国首次获得冬奥会雪上项目金牌和中国男选手首次获得冬奥会金牌的新纪元。

都灵冬奥会后，韩晓鹏又在2007年夺得了世锦赛金牌。但在2010年的温哥华冬奥会上，饱受伤病困扰的韩晓鹏发挥失常未进入决赛，不久宣布退役，随后进入北京体育大学攻读硕士。这位江苏籍的奥运英雄表示，仍将继续在滑雪场上奋战，“滑雪这个领域毕竟是自己的优势，加上现在雪上项目在国内还不是很普及，所以我很想尽一份自己微薄之力，为我国滑雪事业大发展作贡献。”

世界最年轻的女子国际象棋冠军

她——侯逸凡！来自江苏兴化的神奇少女，在国际象棋领域创造了多项“最年轻的”世界纪录、中国纪录，其中最大的一项纪录是，她是国际象棋历史上唯一一位在18岁之前两夺世界冠军的棋手。她一岁创造一个纪录，甚至几个纪录！

8岁，成为中国年龄最小的国家棋协大师。

9岁，成为年龄最小的国家大师，并夺得世界少儿锦标赛冠军，成为中国国际象棋史上年龄最小的世界冠军。

10岁，被破格选拔进国家队，成为国家队有史以来年龄最小的队员。

11岁，获世界团体赛中国区选拔第一名，成为参加成年国际象棋赛事世界年龄最小的队员，并成为参加世界奥赛有史以来年龄最小的队员。

12岁，参加女子国际象棋世界冠军赛中国区选拔获第一名，成为有史以来参加女子国际象棋世界冠军赛年龄最小的棋手。

13岁，成为世界最年轻的女子国际特级大师；获亚洲室内运动会快棋冠军，是史上年龄最小的国际比赛冠军；获全国个人赛冠军，成为年龄最小的成年全国冠军；参加世界团体赛获冠军，成为年龄最小的成年世界冠军。

14岁，蝉联全国冠军，并成为有史以来最年轻的超级大赛冠军；

成为中国国际象棋历史上奥赛最年轻的队员;成为有史以来闯入女子国际象棋世界冠军赛四强的最年轻的棋手,又闯入决赛拿到第三个男子特大序分,成为世界女子棋手中最年轻的男子特级大师,并成为女子国际象棋世界冠军赛最年轻的亚军。

15 岁,参加国内男子锦标赛,成为参加国内甲等男子赛事最年轻的女运动员;摘得首届中国国际象棋棋王棋后赛桂冠,成为中国首个也是最年轻的棋后头衔获得者。

16 岁,参加亚运会,成为中国参赛竞技综合性运动会首枚国际象棋金牌获得者;参加女子国际象棋世界冠军赛获得冠军,成为史上最年轻的世界冠军。

17 岁,参加女子国际象棋世界冠军赛卫冕成功,成为有史以来唯一在 18 岁以前两夺世界冠军的棋手。

侯逸凡 1994 年 2 月 27 日出生。妈妈王茜发现女儿下跳棋所向披靡,便在她 5 岁半时带她进了兴化当地颇有名气的王宪老师开的国际象棋班,希望借此启迪思维。发现侯逸凡的是在国际象棋界有“神奇教头”之称的童渊铭的父亲,他使侯逸凡的母亲王茜相信了侯逸凡下国际象棋大有前途,也使王茜相信了童渊铭执教的神奇。王茜便停薪留职,将侯逸凡带往山东,投奔到童渊铭的门下。

要强、聪慧、好奇,悟性高,是国家国际象棋队总教练叶江川对侯逸凡的评价。由于战绩辉煌,人们也经常向她竖起大拇指,但侯逸凡能够谦虚而睿智地看待一切:“竞技项目肯定会有一个相对较强的人,这很正常,但可能过不了多久就冒出个更小的、更强的。”

尽管侯逸凡出奇的冷静,但在棋盘之外,她与其他同年龄段的一些女孩儿相比并无多大区别,她曾经最爱“快男”魏晨,崇拜刘翔和主持人曾子墨,还迷街舞、跆拳道。

其他篇

最具皇家气派的织锦

南京云锦是南京传统的提花丝织工艺品。云锦由于用料考究，织工精细，图案色彩典雅富丽，美如天上云霞而得名。

古代丝织物中“锦”是代表最高技术水平的织物，南京云锦与成都的蜀锦、苏州的宋锦并称“中国三大名锦”。蜀锦始于汉代，历史最长，盛于汉唐；宋锦与云锦的发端时间相近，盛于宋朝，尤以装裱书画闻名于世。

云锦成名期晚于蜀锦和宋锦，但到了元代，南京云锦脱颖而出，后来居上。元明清三代，南京云锦均被指定为皇室御用贡品，用于龙袍、凤衣、宫帷和官服等顶级服饰的制作。其织金夹银，辉煌典雅、华丽高贵，用料特别考究、不惜工本，成为最珍贵、工艺水平最高、最具皇家气派的皇室御用丝织品。它集中国各类织锦工艺之大成，代表了中国古代织锦发展的精髓，被专家称作是中国古代织锦工艺史上最后一座里程碑。

云锦的兴盛与皇家注重以黄金显示尊贵有直接关系。元代，蒙古人入主中原，当时国力扩张，黄金开采量增大，统治者习尚用真金妆点官服，同时江南丰富的蚕桑资源以及卓越的工匠技艺等因素促使了南京成为云锦的故乡。正是这种北方游牧民族的审美情趣和南京地区高超的丝织技艺的完美结合，使得以织金夹银为主要特征的云锦脱颖而出，受到封建君主和豪门贵族的宠爱，也受到蒙、藏、维吾尔等少数民族人民的喜爱。此后，元、明、清三朝都指定云锦为皇室御用贡品，用于龙袍、凤衣、宫帷和官服等顶级服饰的制作，这是蜀锦与宋锦均未获得的尊荣。三代统治者相继在南京设立官办织造局，专门管理云锦的生产并垄断其销售。清康熙、雍正年间，南京云锦织造达到高峰，有 3 万多台织机，近 30 万人以此和相关产业为生，云锦织造成为当时南京最大的手工产业。

云锦有着普通民间织造不可比拟的独特气质，所显示的是王者气派，营造的是肃穆威严的气氛，突出的是尊贵祥瑞的主题。云锦主要特点是逐花异色，通经断纬，挖花盘织，从云锦的不同角度观察，绣品上花卉的色彩是不同的。云锦花色品种繁多，主要有“织金”、“库缎”、“库锦”、“妆花”四大类，每一类中又分有数个不同品种。南京云锦配色多达十八种，运用“色晕”层层推出主花，富丽典雅、质地坚实、花纹浑厚优美、色彩浓艳庄重。大量使用金线、银线、铜线及长丝、绢丝、各种鸟兽羽毛等材质(比如皇家云锦绣品上的绿色是用孔雀羽毛织就的)，在五彩斑斓的彩花中，使整个织品金彩交辉。

南京云锦工艺独特，用老式的提花木机织造，必须由提花工和织造工两人配合手工完成，两个人一天只能生产五六厘米，这种工艺至今仍无法用机器替代，其制造难度也远高于蜀锦和宋锦。新中国成立后，政府先后投资几千万元用于恢复和保护云锦，周恩来总理也曾要求南京把云锦工艺发扬光大。1957 年成立了南京云锦研究所，保护和传承这一古老而又传统的丝织技术。

开国第一宴

1949年10月1日，中华人民共和国举行开国大典。当晚，中央人民政府在北京饭店举行了新中国第一次盛大的国宴，庆祝共和国诞生，参加“开国第一宴”的有党和国家领导人、开国元勋等600余人。宴会上，周恩来总理发表了热情洋溢的讲话。

开国第一宴的菜肴，即是我国四大菜系之一的“淮扬菜”。为什么选择淮扬菜，而不是川菜、鲁菜？有一种说法是，与周恩来总理是江苏淮安人有直接关系。淮安市淮扬菜文化博物馆在介绍开国第一宴的展板上写道：“1949年10月1日，开国大典在北京隆重举行，中央最高层领导决定，中华人民共和国开国大典国宴所用菜肴，以南北人士都能接受的‘恩来家乡的淮扬菜’为主。”

不过，目前尚无直接的人证证明，选择淮扬菜是因为周恩来总理是淮安人。开国第一宴的承办者北京饭店仍保存着开国第一宴宴会大厅照片和资料。资料记载，时任政务院典礼局局长的余心清和当时的饭店经理王韧商量后认为，淮扬菜系口味比较适中，北方人、南方人都可以接受。于是决定引淮扬菜进店。余心清就想到了当时北京最有名的淮扬菜馆——玉华台饭店。该店是来自扬州的马家兄弟在1921年开办的。马家兄弟一位先前是直隶总督的管家，另一位烧得一手地道的淮扬菜，是直隶总督的家厨。余心清亲自登门，做了许多工作，终于为北京饭店调来朱殿荣、王杜昆、杨启荣、王斌、孙久富、景德旺、李世忠等九位名厨。宴会总管由北京饭店的郑连富担任，总厨师长由玉华台饭店的朱殿荣担任。

建国已经六十余载，所幸的是有心人找到了开国第一宴的菜谱。《北京饮食服务志》副主编王振宇从上个世纪五十年代初开始在北京的餐饮服务行业工作，1953年前后，他在一张报纸上偶然看到“开国第一宴”的菜谱，便剪下来收藏。1992年参与主持《北京饮食服务志》资料积累和编写工作，他在一张几乎被当作废纸的行业简报上发现了“第一宴”的菜谱，证明自己手中原先掌握的菜谱准确无误。以下便是开国第一宴的菜谱：

美味四小碟

点心：炸年糕、艾窝窝、黄桥烧饼、淮扬汤包、菠萝八宝饭

冷菜：兰花干、麻辣牛肉、四宝菠菜、桶子笋鸡、罗汉肚、镇江肴肉、桂花盐水鸭

热菜：扬州蟹肉狮头、全家福、东坡肉、鸡汤煮干丝、口蘑罐焖鸡、沙炒翡翠虾、鲍鱼浓汁四宝、香麻海蜇、虾籽冬笋、炝黄瓜条、芥末鸭掌、酥鲫鱼、水果拼盘

自此，国宴确定了以淮扬风味为主，并汇集全国各个菜系精粹的风格。淮扬菜肴集高贵典雅与朴实无华于一身，做工精细而力求保持原料的本味。经过几代“国厨”的传承发展，现今承办国宴的人民大会堂所做的菜肴被称为“堂菜”。“堂菜”以软烂为主，嫩滑、酥脆、香醇；以咸为主，较温和的刺激味为辅，适合大多数宾客的口味。

史上最大的和田玉雕

在清代，北京、扬州和苏州为三大最重要的皇家玉雕基地。扬州的玉雕历史漫长，1977 年在扬州蜀冈尾闾考古挖掘，就挖出玉璧、玉琮等玉器，说明 4000 年前，这里的先民就已开始玉石雕琢。

发展到清代中叶，扬州玉雕可谓诸品齐备，艺术水平高度空前，至乾隆年间更是进入全盛时期，清宫中重达千斤、万斤的近 10 件大玉山（山形玉雕），多半为扬州的玉匠所为，其中重逾万斤被称为“玉器之王”的《大禹治水图》玉山，成为稀世之宝，至今被公认为世界现存最大的和田玉玉雕。

乾隆年间，和田密勒塔山发现一块重达万余斤，色泽青绿质感滋润的巨大玉石。听闻喜讯，乾隆龙颜大悦，命令运到北京。以当时的条件，即使将这块石料从将近海拔 5000 米、终年积雪的密勒塔山运到山下，也得两三年的功夫。三年多后，这块石头行程 4000 多公里，抵达北京，其间经历的千辛万苦可想而知。

巨玉运至北京后，乾隆皇帝命画师依宫中旧藏宋人所画《大禹治水图》为蓝本，结合玉料形状，绘成画样。他要用这块巨大的和田玉料，赞颂中华民族伟大的楷模大禹！

根据以往习惯，这么大件的玉雕，乾隆自然要交给两淮盐政衙门所在地扬州的玉匠。因为扬州玉匠最擅长“山子雕”，这一他们独有的技艺是一种把圆雕、浮雕和线刻相融合的雕刻方法，最为重视玉料的自然形态，顺其自然而为，利用玉料的形色设物造型，将花鸟鱼虫、亭台楼阁或山水人物组成一个层次分明的又浑然一体的立体雕塑。这种雕法，可以最大限度地利用玉料和展示其表现力，代表着玉雕技术的先进理念和最高水平。

北京的宫廷画师绘制好图样后，又交给工匠们做成蜡样，1781 年年中，乾隆帝审批后照准，玉料随后历时三月由运河运到扬州，交两淮盐政选玉匠雕刻。为防止蜡样融化，经乾隆帝批准，又制作了一个木样，让玉匠照此施工。当时的玉雕工具极为简陋，依然是手拉脚踩的钻打沙磨。所以，两淮盐政衙门遴选了大批玉匠，不舍昼夜地轮班作业。六年之后，方才大功告成，用工达 15 万个，耗费工钱白银一万五千余两，约合现在的 526 公斤，以每克 6.75 元计算，换算成人民币约合355万元。

这件玉雕重约一万零七百多斤，高 224 厘米，构图宏伟，气势磅礴，人物山水风景如画，栩栩如生地再现了大禹率领人民治理洪水的情景。整个玉雕形如陡峭山峰，山峰之上山石林立，有水流飞流直下，劳作的人们挥锹舞镐，开山移石，疏洪导水。玉雕显示了无与伦比的雕刻精湛工艺，是扬州玉匠智慧和才能的集中体现，堪称稀世珍品。后人称其为即称其为和田玉之王，又将它当做中国玉器的象征。

根据乾隆旨意，《大禹治水图》玉雕安放在紫禁城乐寿堂，取代了原处放置的大水法自鸣钟，至今未曾移动过半步。乾隆帝感奋之余为之赋诗一首，镌刻于玉雕之上。

扬州的玉雕师们一代代将擅长大型玉雕的传统传承下来，上世纪 70 年代初琢制的《白玉宝塔炉》，1986 年琢成的《白玉五行塔》和《聚珍图》，1989 年运用薄胎工艺琢成的青玉《百寿如意》，1990 年运用“山子雕”工艺琢成的白玉山《大千佛国图》，均荣获国家金杯，被收藏在中国工艺美术馆珍宝馆内。其中白玉山《大千佛国图》，原料系一块重 944 斤的新疆和田白玉，堪称羊脂白玉。专家认为，像这样的白度、质地、体积、重量的新疆和田白玉可以说历史上前所未有。1983 年，国家轻工业部行文指令扬州以此制作出一件稀世珍品。该玉雕由工艺师钱磊、曹茂亭设计，中国工艺美术大师黄永顺领衔制作，历时 8 年时间，作品完成后高 80 厘米，长 80 厘米，宽 40 厘米。

中国最大的玉如意

2011年10月15日，由中国工艺美术大师薛春梅设计，江苏省工艺美术大师田翔等人历时4个半月创作而成的，迄今为止全国最大的用昆仑白玉雕刻的玉如意在江苏扬州正式问世，引起玉雕界和玉器收藏界的瞩目。

作品取名《祥瑞如意庆云天下》，长151厘米、高46厘米、宽16厘米，净重180多公斤。以“一枝独秀”的千年灵芝如意为主体，饰以童子、柿子、蝙蝠、佛手、石榴等中国传统吉祥物，质感细腻晶莹温润，体现了扬州雕工极高的艺术水平和工艺水平，令人有叹为观止之感。

“中国民俗常有用文字的谐音来喻意比物的习惯，以蝙蝠代表‘福’，以柿子代表‘事’，以童子代表‘人生’等。”田翔大师解释了这件精美玉雕，“作品突破了传统如意的艺术形象和表现手法，运用全立体、全镂空的雕法，让每一个观赏者在与它的对视中，都能找到独到的审美解读和心灵共鸣，使观者随着作品情景的变化，而产生无限的想象空间。”

对于这件玉如意中表情快乐的六个童子，田翔尤为喜爱，“我们特意雕刻了六个童子，以渲染祥和、快乐的气氛，也寓意人生中的积极追求”。

该件作品既继承了传统工艺美术题材，又体现了现代工艺美术创新的新思维、新概念。这件作品无论从体量、题材、工艺等方面，都是当今中国现代玉雕艺术品中不可多得的佳作。

中国最好的茶具

在中国，喝茶的最高级别方式自然是喝“功夫茶”，而喝功夫茶使用的茶具则大多是宜兴的紫砂茶具。出自江苏宜兴的紫砂茶具是公认的最好的茶具，紫砂泥制成的一件件泡茶的壶，喝茶的盏，个个精美优雅。它们不仅仅是盛茶的器具，许多人还将其当成艺术品，放在古董架上，不时地欣赏把玩。

作为茶具的主体，紫砂壶是紫砂茶具的核心与代表。紫砂茶具之所以能够被人们作为茶具首选，是因为制作原料——紫砂泥的优势，用紫砂泥做的茶具具有保持茶汤原味和吸收茶汁的功能，因此，使用年代越久的紫砂茶具，泡出来的茶汤也就越醇郁芬芳，甚至往空壶里注入沸水都飘出一股淡淡的茶香。烧成后的紫砂壶保温性和透气性胜于其他材料，民间早有用紫砂壶泡茶不馊之说。从审美角度看，紫砂泥有易于造型的特点，经窑炉千度高温烧制之后，紫砂泥能够显示出其他材料所未有的古朴典雅的色彩之美。

宜兴紫砂比起唐宋时期著名的越窑（浙江上虞等地）、建窑（福建建安）、定窑（河北曲阳）制作茶器的历史要短，但却后来居上，自明代起博得了“世间茶具称为首”的美誉。我国明代著名的戏剧家李渔说过：“壶必言宜兴陶，较茶（评茶）必用宜壶”。明朝末年，宜兴紫砂开始出口，深得欧洲收藏者的喜爱，成为欧洲制壶的蓝本，日本也以紫砂为珍品而来华学习造壶技术。紫砂壶的身价与日俱增，研究明清茗壶的日本人奥玄宝在清代时期所著的《茗壶图录》上说：

“明制一壶，值抵中人一家产”，“争购竞求，不惜百金、二百金，必获而后已”。

最早较为知名的紫砂大师是明代的供春，他是明代弘治、正德年间人，作为家僮随主人借住一个寺庙。庙里有位和尚，不仅喜欢壶，也喜欢做壶，天资聪颖的供春对做壶产生了浓厚的兴趣，和尚做壶的时候他就细心观察琢磨。一日，主人与和尚下棋，供春便捞出和尚洗手水缸里沉底的泥，捏一把茶壶，和尚看了大为赞赏。供春做的壶“供春壶”现已成为稀世珍宝，即使是在当时，他的壶也超过了黄金之价，“一壶重不过数两，价值每一二十金，能使土与黄金挣价”。供春、时大彬（供春的弟子）、清代的陈鸣远，是历史上最著名的三大紫砂名匠。

需要说明的是，紫砂壶并不一定就是紫色，高温烧成后呈现各种各样的奇丽的色彩，有朱砂红、枣红、紫铜、海棠红、铁灰铅、葵黄、墨绿、青兰等等。紫砂壶不上釉，类似于人们形容油漆时用的词——亚光。

最后，不能不说到宜兴的紫砂泥，这是紫砂壶的关键之关键。只有宜兴出产的紫砂泥，才是真正的紫砂泥，它们埋藏在宜兴的岩石下，有紫泥、红泥、绿泥三种，其化学成分属高岭—石英—云母类型，含铁量很高，最高含铁量达 8.83%。他处无寻！

中国最大的醋坛子——镇江『九龙坛』

根据上海大世界吉尼斯总部确认，2011 年 12 月 10 日在江苏镇江醋文化博物馆进行现场灌醋并收藏于该馆的名为“九龙坛”的醋坛子为最大的醋坛。

这个“中国第一醋坛子”高 4.22 米，最大直径 2.22 米，坛口直径 1.15 米，坛底直径 1.38 米，自重 5.2 吨。由镇江的江苏恒顺醋业股份有限公司创意，著名雕塑艺术家李少华受托设计绘制，于 2011 年 12 月初山东淄博烧制成功，并顺利运至镇江灌醋成功。

坛子采用高岭土调配，纯手工制作，工艺流程较为复杂，经过 1320 度高温烧制而成。造型沉稳中见豪放，九条巨龙环绕坛身，气势恢弘。经恒顺公司装载试验，醋坛满装可盛放香醋 6 吨多，是我国迄今为止最大的陶制醋坛。

由于体型巨大，以陶土制作具有相当大的难度，在制作过程中曾两度毁损、两次重制，所以费尽心力，耗时 18 个月。

在我国，山西老陈醋、镇江香醋、福建红曲米醋与四川的保宁醋并称为“四大名醋”。“九龙坛”将作为镇馆之宝，由镇江醋文化博物馆永久收藏。

镇江醋文化博物馆自身也是一项中国之最——国内唯一一个醋文化主题博物馆。它占地 30 多亩、建筑面积 4000 平方米，于 2010 年 7 月 1 日正式对外开放。

博物馆坐落于镇江市 312 国道旁，由恒顺醋业公司投资 3000 多万元建设，江苏省“十一五”百项重点文化建设项目之一，是一个集文化遗产保护、科普教育、工业旅游等功能于一体的主题展馆，已被列为国家 4A 级景区。

博物馆分醋史馆、老作坊、陈列馆三大主体展馆和一个体验馆。陈列馆里布展了包括镇江、山西、山东等地，以及来自美国、日本、德国等十多个国家的数百种醋。

世界最大的青铜碗

2011年10月28日，一只巨型青铜碗亮相江苏南通如皋市。当天，由世界长寿之乡如皋打造的这只"青铜万寿百岁碗"，被吉尼斯世界纪录协会认证为目前世界上最大的青铜碗。

此碗由青铜铸造，碗口直径3.16米，碗口周长9.9米，寓意长命百岁；碗外侧浇铸10000个不同的寿字，寓意万寿无疆；碗的底座印有100位如皋健康百岁老人代表的手印，铜底座39厘米，加花岗岩底座226厘米，共265厘米，寓意2011年如皋有265位百岁高寿老人。

制作青铜大碗的创意来自多年来致力于研究长寿文化的如皋市政协副主席刘聪泉等人。据刘聪泉介绍，如皋百岁碗民俗传承约800年，早在2002年如皋市举办首届如皋·中国长寿文化节时，他所创意的景德镇名窑嫡出精品"凡红描金百寿龙凤对碗"便拍出了32.855万元的天价。在制作"凡红描金百寿龙凤对碗"的过程中，刘聪泉收藏了取自马氏竹简不同书法的99个寿字书法。此后，伴随着如皋长寿品牌的崛起，刘聪泉所收藏的寿字书法作品与日俱增，突破了1万字大关。在此次制作世界上最大的青铜碗过程中，首先对1万个寿字进行了电脑扫描，以此制作硅胶模板。负责制作巨碗的一家宜兴铸造企业则首先由木工制成一只等比例巨型木碗。1万个硅胶寿字与巨型木碗无缝对接后，制成了这个青铜碗的模具。随后，经过多道工序多次浇筑后，重达1294公斤的世界上最大的青铜碗便顺利制成了。

世界首例同胎生虎狮兽和狮子

动物世界就是这么奇妙！2011 年 12 月 26 日，江苏常州淹城野生动物世界里的一头叫做“玛丽”的母狮子，生出了三只小崽，这三只小崽竟然是两只虎狮兽和一只狮子，这意味着这三个新生儿有着不同的父亲，从而成为世界同胎生出虎狮兽和狮子的先例！

何谓虎狮兽？所谓虎狮兽就是父亲是老虎、母亲是狮子，反之叫做狮虎兽。母狮“玛丽”生出两只虎狮兽，显然这两只小虎狮兽的父亲是老虎，而玛丽生出的那只小狮子的父亲则显然是狮子。

驯兽师李东林讲述了这个复杂的“爱情故事”。

在常州淹城野生动物世界，虎爸爸“拉玛”与狮妈妈“玛丽”是青梅竹马，从小便在一起玩耍、训练和演出，朝夕相处，日久生情。2011 年 8 月中旬，“玛丽”进入发情期，驯养师李东林发现，母狮“玛丽”与公虎“拉玛”不止一次地进行了交配，其间，还“走私”与一只非洲雄狮发生了交配。四个月之后，这场三角恋爱诞生了“爱情结晶”，2011 年 12 月 26 日，“玛丽”经过 8 个小时的马拉松式的分娩，产下了这创造世界纪录的三只幼崽。

不过，我们已经看不到三只，而只能看到其中两只(一只是虎狮兽，一只是狮子)。因为产后的母狮“玛丽”可不像人类中的母亲那么温情脉脉，它不肯让孩子们吃奶，每当小家伙们走过去吃奶时，便用大爪子将它们赶走。如果驯兽师不及时将母狮与幼崽隔离，很可能会发生母狮吃掉幼崽的悲剧。

但是，当驯兽师李东林取出幼崽时却发现，一只活着的幼崽是一只狮子，而另外两只幼崽已没了呼吸，便只好将“死了”的幼崽放到了盛满木屑待处理的垃圾箱内。十几分钟后，他再回来时，却听到一个令人惊喜的消息。原来其他同事发现，放到垃圾箱中的两个幼崽中的一个可能只是暂时休克，在停止呼吸后，又出现了生命迹象。同事们赶紧将它拿到室内，打开暖气，对幸运的小家伙实施了抢救，片刻后，生命体征完全正常。这时，他发现一个更为惊讶的现象：救活了的幼崽与活着的小狮子差别甚大，这是怎么回事呢？

于是，请来专家。经专家证实，救活了的幼崽是一只虎狮兽！未能救活的那个也是。

2012 年 2 月，金陵晚报记者曹德伟等前往常州淹城野生动物世界“探班”，看到在育幼师的精心照料下，虎狮兽和小狮子已经能够站立行走。那只小虎狮兽异常活泼，时不时嚎叫两声。育幼师胡月介绍说，因为国内没有繁育虎狮兽成体的先例，养育虎狮兽的难度非常大。但这只虎狮兽健康状况良好，已经可以吃少量的肉食和其他调配食物了。